GONGYI XINMEITI
SHIPIN CHUANBO
YU CHUANGZUO

公益新媒体视频传播与创作

黄晓波　张宏树　著

四川大学出版社
SICHUAN UNIVERSITY PRESS

项目策划：梁　平　王　静
责任编辑：王　静
责任校对：刘柳序
封面设计：璞信文化
责任印制：王　炜

图书在版编目（CIP）数据

公益新媒体视频传播与创作 / 黄晓波，张宏树著. — 成都：四川大学出版社，2021.8
ISBN 978-7-5690-4875-9

Ⅰ. ①公… Ⅱ. ①黄… ②张… Ⅲ. ①慈善事业－视频制作 Ⅳ. ① D632.1 ② TN948.4

中国版本图书馆 CIP 数据核字（2021）第 155717 号

书　　名	公益新媒体视频传播与创作
著　　者	黄晓波　张宏树
出　　版	四川大学出版社
地　　址	成都市一环路南一段 24 号（610065）
发　　行	四川大学出版社
书　　号	ISBN 978-7-5690-4875-9
印前制作	四川胜翔数码印务设计有限公司
印　　刷	郫县犀浦印刷厂
成品尺寸	148mm×210mm
印　　张	4.5
字　　数	120 千字
版　　次	2021 年 9 月第 1 版
印　　次	2021 年 9 月第 1 次印刷
定　　价	35.00 元

◆ 版权所有 ◆ 侵权必究

◆ 读者邮购本书，请与本社发行科联系。
　电话：(028)85408408/(028)85401670/
　(028)86408023　邮政编码：610065
◆ 本社图书如有印装质量问题，请寄回出版社调换。
◆ 网址：http://press.scu.edu.cn

四川大学出版社
微信公众号

目 录

第一章 现代公益的定义、发展与传播……………………（1）
  第一节 现代公益内涵……………………………………（1）
  第二节 现代公益的发展——行为主体与功能…………（3）
  第三节 公益传播的发展与影响…………………………（6）
第二章 中国公益事业与新媒体结合后的跨越式发展……（10）
  第一节 中国新媒体公益的发展…………………………（10）
  第二节 现代中国公益传播的需求………………………（14）
第三章 中国新媒体视频形态的演变与公益的介入………（19）
  第一节 中国公益新媒体视频的内涵……………………（19）
  第二节 新媒体视频形态的演变与公益的介入…………（21）
  第三节 新媒体视频大面积深入公益传播………………（39）
第四章 公益新媒体视频的分类和案例分析………………（44）
  第一节 公益新媒体视频传播的落脚点…………………（44）
  第二节 公益新媒体视频节目的分类……………………（45）
  第三节 公益新媒体视频案例分析………………………（60）
第五章 公益新媒体视频创作传播的特色与问题研究……（119）
  第一节 公益新媒体视频创作传播的特色………………（119）
  第二节 公益新媒体视频创作传播的问题研究…………（130）
结　语………………………………………………………（135）
参考文献……………………………………………………（136）

第一章 现代公益的定义、发展与传播

第一节 现代公益内涵

"公共利益"指多数人的利益和意愿,又或能使整个社会得到最多幸福的方法。传统的助人为乐、乐善好施等自发性行为基于"博爱"之精神,被称为"慈善"。选举投票、意见分布等民意调查和参与集体行动等,则是现代社会呈现大多数人意愿的常用方式。公共利益也未必全然是由能够被每一个人确认为是他的个人利益或福祉的一部分的东西构成。例如,儿童抚养津贴及优惠虽非无子女的人的个人利益或福祉的一部分,但却被看作公共利益的构成部分。公共利益并不是只由那些能直接促进每一个人的利益的东西构成,公共利益强调均衡性,在实现过程中可能会使部分成员牺牲一定程度的利益,因此,公共利益固然反映了公众社群的整体利益及长远利益,但亦可能损及特定社会成员之利益。

从社会整体论的角度来看,公共利益就是指整个社会团体共同的生活条件,它为团体与个人既充分又方便地达到相对完善并相互成全提供了广泛而坚实的平台。公益已然成为维持社会正常运转的必不可少的组成部分。它关乎所有公民的利益,并要求所有公民都以公益为标准,能够明智谨慎地处理不触及法律规范的事务和行为。其宗旨是无差别地使公民的权利从基本的生存权自然上升至发展权。

现代社会正当的公共利益应包括公共性、共生性、丰富性三个基本要素,缺一不可。符合这三个要素者,即被视为具有公益性的行为或组织。

首先,公共性是大多数人能够接触,并感觉良好,认可其价值的一种社会属性。它指向大多数带有公务性的、普遍性的、开放性的公共事务或者服务行为,大致可以从以下三个方面进行认知:

(1)公务性是国家、政府或者地方自治团体在现行政策、法律法规的基础上从事的各项以不营利为主要目标的事务,例如提供公共资(能)源、投入公共基金、提供公共教育、保障公共安全等。

(2)普遍性指关乎社会团体成员整体的利害问题,例如追求公共福利、管理公(共)有财产、尊重共识与规范、遵守公共秩序、传播共同关心的事务等,与个人欲望、权利、私心等相对立。

(3)开放性,即不得拒绝向他人提供访问并获取的公共空间或信息等,与其对应的是透明度,例如公开基于公民知情权范围内的信息、开放市政公园等公共设施。

基于上述属性,"公共性"并非国家或者政府独有,且与个人或者私人并非对立矛盾的概念。政府的"奉公"与社会公共利益和个人领域紧密关联,互通有无,是你中有我我中有你的关系。

其次,共生性的内涵就是所有成员相互尊重、公平分配、共同生存的思维方式,包括人与人之间相互接受、相互包容,不论强弱,求同存异。良好的共生社会可以说是人类终极的社会形态,人必须与自然和谐共生,即人向自然索取资源,但又不造成过度破坏并且保护环境,形成人与自然的和谐关系。社会的进步就在于改善人的共生关系，因此要达到人际和谐共生，社会各利益主体就要合理分享经济、政治、文化资源，其实质是公平性问题。只有消除差别，机会面前人人均等，社会成员之间才能认可社会多样性，尽可能地给需求差异人群提供帮助，并最大限度地发挥不同人群的力量。由是，共生性包含两个重要的影响因素：

（1）多样性是指社会中存在不同层次和类型的群体的属性。在物质充裕的消费时代，一个开放的多样性社会模式，能够开发和挖掘成员的多种才能，有利于帮助消解社会性压力，可以激发因物质极大满足或者因某种身体不足，而失去人生目标的人群的生活意愿与热情；同时，有利于抵消因差异带来的对立和对抗。

（2）利他性是指基于以增进他人（或社会、国家）福利为道德基础的属性，通常导致的是以自愿帮助他人为目的，不期望有精神或物质的奖励，可能会有自我损失的行为。利他言行的推广有利于促进社会整体联结成具有利他性的网络，完成多样性社会的共同要求，人与人之间才能更加自由有序，相互信赖、谦让与帮助。

最后，与以上两点带有强烈的他者视角的属性不同，丰富性侧重从自身出发，先惠己再惠人，惠己及人助益整体。无论是物质还是精神，首先确定自身自足富裕、道德崇高、精神富有，才可能实现有益于他人的理想。正如《管子》曰"仓廪实而知礼节，衣食足而知荣辱"，强调自我满足后才能催生善意；《孟子》曰"达则兼济天下"，只有个人乃至社会富足，才能长期稳定地实现最大可能的公平与社会的和谐共存。

第二节　现代公益的发展——行为主体与功能

乐善好施、扶贫济困等行为自古倡导，然而大多数都是临时应急性或者宗教信仰约定俗成的个人或小规模组织行为。作为能够在社会整体范围内长期稳定地实现并推广的规模性行为，慈善公益事业是从近代逐渐形成壮大起来的，发展至今它已不再是一种个人行为，而是一种有组织、有规模、有目标，对社会发展有深远影响的经常性活动行为，因此它具有事业性质的经济文化社会功能，并作为追求最佳社会范式生态中非常重要的环节被固定下来了。现代公益的理念和涵盖范畴也随着时代的进步不断地更新扩大，同时由于地域、族群的差异，对于有益于整体或利他行为的理解也会有所不同。广义来看，在行政主体完整、行政职能健全的社会组织内部，现代公益事业囊括两大方面内容：公共事业与公益事业。二者的关系，应该说前者是后者的肇始。

公共事业是指负责维持公共服务基础设施的事业，是社会整体有效运转的基石，符合前述"公益"具有的三个基本要素的特点。公共事业通常处于政府的控制之下，一般是中央或地方政府根据市场需求提供适当的经济补偿或公共服务，包括有利于国民利益和国家事业发展的公共投资及公共工程，其实质是社会财富再分配的基础形式。通常所说的公共事业包括电力、供水、废物处理、污水处理、能源供应、交通、通信等。从我国目前的现实和未来的改革趋势来看，诸如文化、教育、社会保障、城市供水、环保气象、城市交通等部门以不同的所有制形式、组织形态发挥着自身的作用，但是，其明显的趋势是国家垄断减弱，营利目的淡化，社会化程度增强，管理自律性的提高。其最本质特征在于社会、公众整体利益，既与居民日常生活息息相关，又与国家经济发展命脉密切相连且不可或缺，具有不可替代的特殊职能。

公益活动多指不以营利为目的的组织或个人向社会捐赠财物、时间、精力和知识等活动。公益的实质应该说是社会财富再分配。公益事业涉及教育、科学、文化、卫生、体育事业、环境保护、社会公共设施建设等。公益活动的内容包括社区服务、知识传播、社会援助、紧急救助、社团活动、专业服务、文化艺术活动、国际合作等。

社会的公共利益事业发端于政府公共行政服务事务，已成为社会治理的有效环节。正如保罗·阿普尔比所说，公共利益不是"私人利益的加总，也不是消去私人利益的各种加号和减号之后剩下的和"①，在现代社会，公益事业逐渐超越了政府行政服务范畴，开始依托各种现代化媒介，以外化的新经济模式不断实现可持续发展道路的探索。公益事业的公共领域背景决定其作为经济学对象的"顾客"必然是普罗大众，并且如前所述它是政府、国家可引导与掌控的福祉类事务，其特点具体可以归纳为以下五方面：

（1）社会性。大部分公益事业主要依靠社会投资和建设，资金依靠国家财政解决，投资的主要表现为社会效益和环境效益。

（2）整体性。公益事业所提供的产品是针对具有共同特性群体的社会福利性质服务。

（3）独立性。属于公益事业的部门和企业及其活动一般处于直接生产过程、个别经营活动和居民日常生活之外，独立存在，形成并行运转的有机联动系统。

（4）共享性。公益事业服务提供的平台资源具有公开、平等、可流动性等特征。

（5）无形性。现代公益事业侧重提供的产品大多不是有形的物质产品而是无形的服务，但在公益转型视域下，有形物质已然成为伴随整体服务的不可或缺的要素之一。

因此，公益事业的开展必须依靠国家引导及社会机构与企业的支持，其持续运转需要发挥全体成员的力量与才能。其中，扮

---

① 珍妮特·登哈特，罗伯特·登哈特：《新公共服务：服务，而不是掌舵》，丁煌译，中国人民大学出版社，2016年，第52页。

演社会公益事业引领者角色的主要是以下三类：

（1）由私人企业投资、建设和运营的，并从中实现资本的周转获得一定利润的纯营业社会公益性质的公益事业。

（2）由国家或政府投资、建设并由私人企业代为经营管理的公益事业。

（3）由政府投资、建设并由政府组织或责成有关机构直接经营和管理的公益事业。

当然，在日趋增长的公益需求下，相对于第一部门的政府组织与第二部门的企业，非政府组织或者非营利组织其实也就是近年来所谓的"第三部门"，组织开展了大量民间公益工作。最为典型的例子就是，从20世纪七八十年代开始大量涌现并兴盛于全球的非政府组织（Non-Government Organization，NGO）、非营利组织（Non-Profit Organization，NPO）性质的社会组织。这些社会组织对社会发展的推动和影响甚至可以比肩政府和企业，并逐渐成为社会政治、经济、环境等领域的第三支柱。

第三节　公益传播的发展与影响

一、公益传播的发展

基于上述现代公益的三要素，传播公益的行为本身具有的公益性，使得公益传播必须以谋求社会公众利益为出发点，关注、理解、支持、参与和推动文化事业发展和社会进步的非营利性行为。通过不同媒介手段向公众宣传建立完善的现代公益事业运行机制的必要性，并持续传递积极向上、仁爱互助的现代生活价值理念。公益传播渠道形式众多，在漫长的公益传播启蒙过程中，较为传统的书籍、报纸杂志、影视广播等媒介已长期扎根于大众的生活工作中，是陪伴人们成长的传播媒介，发挥着"润物细无声"的渗透功能，例如公益广告、公益新闻、公益电影短片、公益迷你剧等。进入21世纪之后，新兴的网络媒介后来者居上，以高效率的传播速度迅速站上吸引力经济的潮头，受到公益行为主体的青睐。在日新月异的科技影响下，新媒体传播走上了高速扩张之路，各种组合模式和不断突破创新的手段逐渐改变了大众对现代公益的认知与参与方式，同时也促进了公众参与公益组织开展的服务与活动的积极性。

以互联网特别是移动互联网为基础的新媒体作为一种参与式的互动传播媒介，改变了传统媒体时代自上而下的传播模式，公益组织者、参与者甚至是普通民众也可以随时参与传播，扩大了传播的参与基数，促进现代公益传播产生质的飞跃。媒介多元、反馈迅速的互联网的出现，促进了公益理念与实践的变革，打破了少数权威对话语权的垄断，促进了公众理性，推动了公益平民化、全民化的进程，并且大大降低了公益传播和运营的成本。互联网大数据的挖掘使得公益传播走向专业化，大数据成为一种可和人才、财物比肩的资源，是现代公益组织财富和创新的基础。通过对数据的深度挖掘和析出，可针对受众的特点深入制定公益组织在传播倡导、筹资营销等方面的技巧和策略，为公益传播决策提供全方位、多层面的参考，使传播更具针对性、精确性，成功跨越了公益组织在传统传播与营销资源上的瓶颈局面。

二、公益事业化与公益理念的进化

作为社会结构第三部门的非政府组织的出现，将原初感性的慈善行为上升到理性的现代事业，在不追求利益最大化的前提下致力于商业运营职业化道路的探索，是持续放大社会效益的最佳路径。基于全球化和市场化的大背景下的认知转变，现代公益特别是慈善捐赠的基本理念，开始呈现若干受媒介传播影响较深的转向。经过近百年的反复尝试、积累与沉淀，现代公益慈善理念在传播过程中，在各方协作、凝聚共识的努力下日趋成熟，产生了以下九大经验式转变。

（1）施者与受者之间的关联，不是单向的馈赠与感恩，而是双向的情感寄予。

（2）利用捐赠排行榜等民间评价行为突出榜样的力量，在公共领域开始使用非政府组织的影响力。

（3）通过媒体高调宣传捐赠等慈善行为，个性化地彰显传承慈善公益的美德，提高社会价值贡献度、附加荣誉价值，引领时代风尚。

（4）组建深入基层的发达网络，利用媒介神经元组织实现顺畅的专业化捐赠，建立非行政化管理标准的评判机制。[①]

（5）行善减（免）税，企业因行善而受益，社会实际上获得了更多的回报，政府的行政管理压力也能实现有效的分流，形成有法可依的良性循环机制。

（6）缩小贫富差距，均衡利益分配，加大遗产税比重，从公众利益的角度强制性要求受捐者参与公益慈善，增加其社会性压力，是否捐赠可以成为判断受捐者有无社会责任感的重要标志之一。

（7）尊重捐赠方意愿，保护其个人隐私，本着捐赠自由的原则脱离与道德捆绑的评判，现代公益慈善应该是让心灵和道德得以净化和升华的平台。

（8）由于公平性的要求，相较于捐赠者，受捐者应该受到更多的监督，捐赠权应高于社会知情权。

（9）降低门槛，优化全民公益机制，鼓励大众参与，广开参

---

① "在将来，一个企业的成功将越来越多地取决于其运作模式：最佳网络化、富有创造性、以目标为导向以及理性、灵活地应用，这一切都同人类的大脑——神经元网络相类似。"《媒体的未来　神经元企业》，《新电脑》2003年第1期，第178页。

与之门,打通志愿者服务渠道,使大量的社会问题能够及时地在社区层面得到解决。

公益慈善携手新媒体传播媒介,深入基层,不断地促进社会道德和文明的提升,扩大实现社会和谐的维度,同时还活化了现代公益事业的多样化运作机制。在慈善的传播过程中,公益理念也随之不断地得到更新与修正。

第二章　中国公益事业与新媒体结合后的跨越式发展

第一节　中国新媒体公益的发展

公益自从作为一种事业形式诞生以来，依托日新月异的大众传媒方式不断地拓展活动的版图。随着当今全球一体化与经济一体化的深入发展，我国公益事业在改革开放四十余年后，也逐渐从"中国公益"走向了"公益中国"。① 1994年，中国第一个不直接挂靠国家政府部门的公益组织"自然之友"的问世是中国平民阶层公益意识的萌芽。1995年在北京召开了第四届世界妇女大会，我们向国际上许多妇女非政府组织敞开了大门，通过央视新闻的报道，NGO这一概念开始被媒体和公众认知，并迅速延伸至对公益领域新事物的开发利用与研究。2001年，中国第一份全国性公益类报纸《公益时报》正式创刊，其特点在于它是由政府主管、民间组织主办、企业参与经营的，并实行企业管理和完全市场化运作。

也正是在1994年，中国互联网开辟鸿蒙，通过网络挖掘世界信息传播公益。在大部分公众对公益不甚了解的20世纪90

---

① 毕国顺、张弦、魏宇：《从"中国公益"走向"公益中国"——改革开放三十二年公益慈善发展史大扫描》，《社会与公益》，2010年第1期，第12页。

第二章 中国公益事业与新媒体结合后的跨越式发展

代中期,清华女生朱令"铊中毒"事件通过电子邮件在世界范围内传播,邮件发往了9个互联网医学论坛,并于3日后收到来自世界各地的回信100余封。在随后的治疗过程中,互联网继续发挥了强大的信息传播作用,朱令也成为中国第一位通过互联网在世界范围内会诊并得到救助的病人,中国开启了互联网公益传播1.0时代。

20世纪90年代的门户网站只具有单纯的平台功能,存在受众只能被动接收、无法及时交流反馈的短板,而网络论坛在一定程度上突破了这一局限。成立于1999年的网络论坛天涯社区最具代表性,天涯社区成立之初就涉足慈善领域开设了天涯互助版块。之后,又分别于2001年、2005年和2009年先后开设了环保先锋、志愿者和公益同行等版块。网络社交平台与公益的结合有效地调动了广大民众参与公益的积极性。

门户网站搭建公益宣传平台发布公益资讯,建立了互联网公益的最初形态,发挥了互联网低成本、广覆盖的优势,提高了信息传播效率。2002年5月,北京地方门户网站千龙网开通了公益频道,成为中国网络媒体第一个综合性公益频道;2005年5月18日,中国互联网协会启动"互联网公益日",号召互联网企业帮助不发达地区、困难群体接入及使用互联网,"建设人人受益的信息社会";2006年,搜狐建立了专题公益频道,成为首个商业网站的专门公益频道。2007年6月,腾讯公益慈善基金会完成注册,成为中国第一家由互联网企业发起的公益基金会。

2008年"5·12"汶川地震唤醒了大众的公民意识,大众开始意识到作为中华人民共和国公民应自觉、广泛、主动地参与救援行动,哪怕微不足道的付出也是慈善的行为。这一年也是互联网公益发展史上里程碑式的年份,重大事件激发了全民性的社会救助热潮,也让互联网公益的威力全面展现在国人眼前。汶川救灾及灾后重建期间,志愿者们通过门户网站、论坛、博客、微博、QQ等互联网渠道,实现了从快速报道灾情、紧急组织救援到发起赈灾捐款、网络寻人、物资调配、心理抚慰等多方面的网络救援互助活动,众网络平台呈现出强大的聚力效应。

从2007年开始,QQ、微博、微信先后与公益携手,社交平台进入了全民公益的新生态,使公益信息以"一对一"甚至是"多对多"的互动形式扩展公益版图。特别是在汶川赈灾期间,网络募捐开始井喷,各类公益基金会迅速通过网络平台开通网上募捐通道,开辟了全国人民向灾区奉献爱心的若干重要渠道,进入了中国现代公益"传播+捐赠"的2.0时代。

网络支付尤其是移动支付的普及,让互联网公益不再只停留于信息传播的环节,而是进入公益捐赠的深水区。中国现代公益开始大踏步发展。2009年,中国红十字会联合淘宝网将起源于2005年的"魔豆宝宝小屋"公益项目逐步升级为具有自动捐款功能的"公益宝贝",并向所有商家和公益机构开放,最终形成了一个新的互联网公益模式——公益电商。

2013年,在顶层设计、官民互动和内部合作三个方面都发生了意义重大的事件,这些事件对于公益权力格局变化产生了积极影响。党的十八届三中全会有关社会体制改革的顶层设计,从制度层面克服了制约社会组织发展的"合法性困境"和"资源困境"两大瓶颈,让民间公益回归民间;在"4·20"芦山地震救援行动中,政府与民间良性互动,迈出了"正确处理政府和社会关系"的重要一步。行政干预退后,社会热情高涨,公众救灾捐款第一次可以完全自主选择受捐机构;由民间NGO组织联盟颁发出第一届"金桔奖",显示出民间组织强烈的呼唤合作、共谋发展的意愿,平民话语权的提升,反映中国民间公益的基本面正在壮大。在以制度为后盾,公权力消减、基层巩固的前提下,信息技术革命带来的传播革命,正以迅雷不及掩耳之势深刻改变着中国公益界的权力格局。移动互联网和新媒体极大地满足了公益捐赠透明性、可选择性和快捷性的需求，为大众参与公益活动提供了前所未有的便利条件。有数据显示，截至2013年底已有5.6亿人次的中国网民参与了网络捐赠，这意味着在"新媒体赋权"的公益权力消长的版图中，只有公信力强、效率高并且追上技术革命步伐的公益组织才能常胜。

2013年以来形成的新媒体对于公益需求、公益意识和公益参与的全面激发态势，使中国公益具备了跨越式发展的环境土壤，这一年也被看作"中国慈善建制之年"。新媒体全新的信息传播方式，改变了既往公众参与公共事件的模式与方法，有效地加速了社会问题的发现与解决，对现有社会公益管理体制的完善也产生了巨大的推进作用。通过以微博为代表的新媒体，个体的慈善需求激发了公众的慈善捐赠和自觉参与的意愿，反之公众参与又推动了个体行为的组织化和专业化以及问题的系统解决。大量的"微"参与，成为公众公益意识养成和外部资源引入的良好渠道，也汇聚成为巨大的体制变革力量。

互联网公益活动影响力在2014年达到一个高潮，同年8月发端于美国的，呼吁公众关注渐冻症的"冰桶挑战"活动沿着互联网的轨道进入中国后，吸引了中国国内全网超44.4亿点击量，募集善款800多万元人民币。该公益活动将传统的悲情慈善转变为以游戏形式传播罕见病知识的慈善行为。此间，国内的各种社会组织应势而动打造出各种中国模式，造就了一场中国网络展开行为公益的狂欢化尝试活动。

在公益狂欢化、趣味化的演变中，始终充满了对推进公益的艰难维系与努力创新的摸索与坚持。随着现代公民公益意识提高，技术创新突飞猛进，超前的市场化理念使公益视野急剧拓宽，公益事业可以作为的空间也愈发不可估量。在将公益项目融入用户日常业务行为的过程中，海量的公益数据使得用户自身都难以精准地获取适合自己需求的信息。而人工智能技术又进一步推动着互联网公益迈入3.0时代——对公益数据的智能处理从人转移到机器。2016年，支付宝公益板块正式推出蚂蚁森林，它借用开心农场的游戏模式，用户利用碎片化时间将每一次社交互动、支付及步行等行为换取虚拟的"绿色能量"，自动变成可使用价值，用以支付并培养虚拟树，在达到一定额度之后可以用于抵消现实中种植真树的费用。这类"捐步"式公益，提高了公益的趣味性，降低了公益成本，在理念和实践模式上已经具备了3.0智能化公益的特征。

第二节 现代中国公益传播的需求

一、"大公益"理念的传播需求

2016年新中国第一部《中华人民共和国慈善法》（以下简称《慈善法》）颁布实施，这和《公益事业捐赠法》一起，在党的十九大报告关于完善慈善事业制度列入社会保障体系建设事业的要求下，为依法行善、以法促善、依法兴善提供了法治保障和根本遵循。《慈善法》中采用的"大慈善"概念，在中国当今形势下，引起了人们对慈善对象、范围及方式方法进行广泛而深刻的大讨论，特别是对公益现代性的认知讨论。

中国扶贫基金会前执行会长何道峰就多次提及现代公益应更关注人的现代性的培育问题。他认为社会现代化不仅是物质的丰裕度和人均国民收入的增加，更应是人的现代性的培育，没有人的现代性为基础的国家很难走向真正的现代化。他还指出，人的现代性问题是未来公益所要面临的一个重要命题，正如我国社会主义核心价值观所表述的那样，最核心的现代化就是人的自由和平等。捍卫民众的平等和自由，不仅要依靠社会和政治的切实的行动，更需要公益事业承负启发民众的使命。所以，他预见性地指出"纯粹靠扶贫、帮弱、助残、助孤,靠救济这样一个时代,从某种程度来说,比重应该在下降,应该说我们整个公益要成长的资源、要投入的人力,可能面临着一个转向"①。

在2019年的"人类可持续发展慈善高端对话"上,中国生物多样性保护与绿色发展基金会秘书长周晋峰谈到"人类现在面对的是气候危机和生物多样性危机,促进可持续发展和生物多样性保护"不仅是慈善,而且是更深更广的大慈善。我们担心长者对后人的爱能否延续,其实是想实现代际公平。人类社会对自然资源的过度开发,使得生物多样性急速丧失,人类的后代将无以为生。他明确表示"从事动物植物保护,并且也特别关注当地农业生物多样性保护以及农业遗传资源条约这方面的工作,实际是为了人类的今天和子孙后代,这是大慈善"②。人际社会之间追求的平等扩展到整个地球生态并不算时髦的理念,但是与"人的现代性培育"联系在一起的命题,却是未来公益事业亟须拓展并深度探索的领域。

上文提到的公益"转向",已经有许多公益组织与机构在创新理念设计与付诸实践的道路上走在了前头。2015年,汕头市公益基金会理事会就推出与"大公益观"相应的慈善举措,提出要打造学习型、服务型、创新型的公益机构,开展社会公益、文化公益、科技公益、体育公益、卫生公益等"大公益"思路,旨在"围绕'发展公益'的宗旨拓展公益内涵"。对此,该基金会理事会会长张泽华指出"'大公益'是相对宏观的概念。从整个

---

① 何道峰:《希望公益行业在人的现代性培育上做出更多有价值的事!|演讲实录》,2018-11-23[2021-07-13],http://www.chinadevelopmentbrief.org.cn/news-22256.html.

② 周晋峰:《促进可持续发展和生物多样性保护是大慈善——2019人类可持续发展慈善高端对话》,2019-11-26[2021-07-13],https://baijiahao.baidu.com/s?id=1651245716353012802&wfr=spider&for=pc.

社会长远的发展角度来看，我们不仅要'输血'，还必须要'造血'。比如，基金会不仅要给困难的家庭发米发盐，还要帮助社会努力培养更多今后有能力给'特殊群体'发米发盐的人"①。在建立"输血"与"造血"机制的问题上，这与何道峰提及的"人的现代性"中由于单纯的施予破坏了个人奋斗、努力的自由的这种最内在的动力，由此产生社会的不公平问题异曲同工，也即现代公益将很大程度转向精神层面的社会意识形态的建设上，从而建构合理的、常态的、让人作为社会的一分子而健康成长的机制。这是一个潜移默化的过程，需要长期的精心的设计与维护。

互联网公益日益发达接近3.0的时代，为我国进一步形成"泛公益"的大生态做好了技术准备。结合国家经济实力雄厚的大背景，现代中国公益的重心从曾经的"硬实力"开始转移到提升"大公益观"为我们展现的文化公益"软实力"的建设水平上，这对于倡导社会主义核心价值观，弘扬中华民族悠久的道德传统，推动我国现代公益事业的发展具有重要的意义和作用。对传统文化的重视程度是国家和民族文明程度的重要标志，体现出国家和民族发展演进的自觉水平。文化作为民族凝聚力的根本要素，对国家经济、政治等社会生活的各个方面有着巨大的作用力和影响力。习近平总书记在2013年十二届全国人大闭幕式提出的"弘扬中国精神"，为我国国家文化"软实力"的提高与传播建立了正确的定位。这与今日全球时代中国应有的国家利益、责任及荣誉相匹配，将有益于且在很大程度上代表着人类发展的健康方向。在当今全球化愈演愈烈、经济一体化浪潮汹涌袭来之际，民族传统文化的保护与利用、传承与变迁、创新与调适不仅

---

① 宋苇：《"大公益观"》，2015-11-17 [2021-07-13]，https://www.sohu.com/a/42169536_161794.

是民族研究工作中的重大课题，也给现当代中国公益事业打开了一扇新的大门，对现代"大公益"事业提出了新的要求。

二、中国新媒体公益传播中的策略性需求

（1）现代公益事业及传播过程最基本的需求：加大监督力度，定期公开款项的使用与流向情况，增强项目实施过程的透明度。

在传统媒体一边坚守固有传播阵地，一边又纷纷向新媒体方向转型的大趋势下，新媒体早已轻装上阵以狂飙突进之势影响着社会的方方面面。但在快速发展的背后，也出现芜杂纷乱的信息和花样百出的煽情，网络传递放大了个人的情绪冲动，在促成善举的同时，也滋生了投机的土壤。2011年"郭美美事件"不仅影响了红十字会，整个社会捐款数额及慈善组织捐赠数额也因之呈断崖式下跌。[1] 公众开始普遍意识到新媒体是把双刃剑，如若使用不当也可能对公益事业造成巨大的损失。公益组织在利用新媒体进行公益行为的传播过程中，由于没有立法的规范，监管难以到位，在参差不齐的公益界，存在捐赠、项目去向不明，缺少透明度，甚至存在诈骗等现象。公益项目在落地时，其中存在的瑕疵和错误也会被网络放大检视。不定期爆发的负面新闻，有可能会拖累整个行业的社会观感和公信度。

（2）提高媒体应用水平，促进公益事业单位专业化改革的推进也是公益亟待解决的问题。

目前我国，除了资金充足和专业程度较高的政府组织、全国性公益机构，大部分公益组织都是地方组织、民间组织，缺乏明确的建设目标，运营管理制度不规范，硬件配备不完善，专业人才流动性大，在新媒体应用开发和使用上存在许多不足。这些组

---

[1] 民政部统计数据显示，2011年7月全国社会捐款数为5亿元，和同年6月相比降幅超过50%。2011年全年捐款比2010年全年捐款减少了18%。

织的独立网站，缺乏长期维护，缺乏精准的营销推广，内容老套陈旧，基本上处于荒废状态。因此，对于从事公益事业的机构或组织，有针对性地进行职业系统培训，引进国际先进理念，提高专业化程度，借鉴产业化行业经验，加强行业分工合作的意识，都是中国公益事业寄托在系统内部的"改革"期望。

（3）重视新媒体公益传播中项目制闭环过程的完整性。

公益组织的新媒体传播，通常只重视资金的募集与筹措等信息披露，并且多数信息都只是简单概述，一般是通过微博或其他媒介传播的信息，无法从中了解公益项目的详细情况，也没有实时公布项目实施效果的调研报告，真实性和落地效果难免会受到公众质疑。同时，新媒体传播碎片化等特点导致许多公益项目运作模式零散，缺乏系统性与延续性。新媒体公益传播多集中在特定时间里传播捐款、扶贫、赈灾、助学等信息，但缺乏后续报道，对公益项目的内容、实施、进展、评估的信息等报道也相对较少。公益事业本身是一项需要长期的稳定持续的工作，因此，需要公益新媒体的传播具有责任感和仪式感，增强将公益全过程向社会公众的"交代"意识。

（4）随时关注媒介环境和信息环境的变化。

新媒体公益传播在信息爆炸的时代，新媒体公益传播应随时留意提高话题更新度，发现传播规律，合理利用各种媒体特点和制定传播策略，力求实现新媒体和传统媒体之间的平衡，让有效传播最大化，成为公益组织或公益项目有效精准的助力，这是时代寄予新媒体传播的希望。新媒体公益传播不能只停留在对公益的报道宣传上，或是公益组织有什么传播什么，而应引领公益事业的走向。此外，公益传播应尽可能深度挖掘"大公益观"领域所覆盖的需求，切实担负起联结新时代赋予的公益需求与落实公益行为的桥梁角色。

第三章 中国新媒体视频形态的演变与公益的介入

第一节 中国公益新媒体视频的内涵

中国公益事业在探索利用媒介传播潜移默化影响社会的最佳传播模式过程中,逐步深入大众视野,从政府主导行为转变为政府倡导行为,从一般意义的善行转化为现代化经济模式,日渐独立并显示出自身的特性和影响力。公益传播在中国的出现体现了新媒体价值观的转变,但是,公益宣传却长期停留在笼统的政策性报道状态中,受众甚至无法区分它与新闻、商业广告的不同,无法达到促使受众采取行动或者跟随行动呼应的目的,宣传最终流于形式,公益的实用价值难以落实。例如,从1991年北京建成国内首条盲道开始,虽然各级电视台均有对正确使用盲道的宣传,《城市道路和建筑物无障碍设计规范》也于2001年颁布实施,但因宣传不深入和配套设施不完善,国内城市大规模的盲道建设对盲人行路并未提供很大帮助。

21世纪初,视频网站出现在神州大地,公众媒体中出现了一种分享发布者经历的新途径。这种私人化、平民化、普泛化、自主化的传播以现代化、电子化的手段,向不特定的大多数或者特定的单个人传递规范性及非规范性信息的自媒体掀开了现代中国公益传播史的新篇章。2008年汶川特大地震中,四川大学锦城学院学生赵紫东上传至土豆网的一段1分50秒的视频，使他成为地震实拍第一人。几乎同时，各大门户网站、手机网站的论坛上，不断有网友上传地震的消息和图片。这些较早进入人们视野的画面信息，及时立体地展示了汶川地震第一线灾情。在新媒体率先动作的感召下，抗震救灾的志愿者们纷纷涌向灾区，以实际行动带动传播声势，拉开了公益元年的序幕。是年，蓬勃发展的地震慈善让公益慈善事业越来越被社会熟知和认可。

2010年6月，《京华时报·公益周刊》创刊，之后众多传统媒体包括电台、电视台、报纸杂志等均开辟专栏报道公益，甚至主动开展公益项目，发起慈善活动、举办公益论坛等。但是，由于传统媒体市场萎缩，大多项目最后不了了之，一时间，人们对媒体是否只能做公益的传播者或者是监督者，媒体可否作为主体者推动、组织公益慈善事业等问题产生了巨大的怀疑，公益传播的发展进入了摸索时期。

随着传媒技术日渐成熟、分工细化，富有创造性、灵活便利、成本低廉等特征的社交媒体发展迅猛，既丰富了互联网服务类型又提高了用户使用的积极性，为民间发声开辟了最广泛的渠道。新技术带来了媒体的结构性变化，赋予了普通人突破信息鸿沟、绕过信息壁垒充分参与公共事务讨论的权利。围绕技术变革出现的大众意见领袖、新闻众筹等议题，以及基于筹款、品牌或志愿者招募等目的的公益传播都将依托新媒体时代传播路径的改变产生颠覆性变化。尤其是在媒体走向高度融合的时代，提高社区参与度，加强社区关联，通过新媒体建立的亲民的新型网络得以实现。出于对高公信力的共同需求，主流媒体与公益行业合力传递社会主义公共事业的核心价值，势必为公益传播能够深入推进奠定强有力的基础。同时，社会化媒体提供了多样化平台，切实解决了源源不断的公益需求与志愿供给方长期存在的双盲矛盾，以社交媒体为代表的新媒体行业展现出对公益的空前热情。

第三章　中国新媒体视频形态的演变与公益的介入

投身公益，聚合声音与行动，推动政策变革等，逐渐成为媒体公益的主要阵地。但是，带有传统积习的公益事业与轻装上阵的社会化媒体之间，由于技术、资讯瞬息万变，二者联手的传播模式始终处于探索状态。把严肃厚重的公益事业做得平易近人且富有趣味性，也是新媒体致力打造的路径。娱乐化倾向的社交媒介中，视频技术的升级与运用，不断地提高着社会化媒体在公益传播过程中的话语权，视频化产品也反向催化媒体向公益主体身份迅速转变，成为公益传播生态链上最接近大众的推进器，二者的高匹配度与完善的在线支付系统等共同组成最具传播力的良性循环链。

第二节　新媒体视频形态的演变与公益的介入

新媒体是随着计算机技术发展起来的产物，而新媒体视频的兴起是Web2.0时代新媒体与视频技术双重发展的结果。互联网发展之初，主要以文字、图片等方式传播，随着视频技术的成熟，互联网视频传播渐现，互联网上提供的不仅仅有文字、图片，还有视频。视频传播丰富了互联网的传播元素，使互联网更加精彩纷呈。

一、视频网站的发展

2005年2月，视频网站YouTube创建，同年4月15日，中国第一个垂直视频分享视频网站——土豆网成立了，二者都采用的是用户原创内容（UGC）模式，此外，土豆网还提供来自内容提供商的视频节目。同时，以"分享视频，分享快乐"为理念的我乐网成立。

随着各大视频网站建立，2006年被称为网络视频发展元年，网络视频作为一种新的媒体正式登台亮相。2006年，6月1日酷六网正式成立，6月21日优酷网正式创立，10月谷歌成功并购YouTube。同年，搜狐也推出门户网站第一个视频分享平台——搜狐播客。中国网络视频市场在网络、终端、技术、用户及创业投资这五大因素的合力推动下，终于在2006年实现从量变到质变的飞跃。2007年互联网大环境的改善及视频形式的深度应用促使中国网络视频产业进入历史发展的关键时期。

为了顺应新技术的发展带来的舆论导向的变革，相关部门的主导的宣传窗口也开始着手视频栏目等的建设。比如，由北京市委宣传部主管的宣讲家网站于2006年创办。它既是北京市委讲师团主办的第一家专业理论网站，也是全国独家高端视频智库，收录了时下各个领域顶级专家的报告。2007年，国务院新闻办公室领导的国家重点新闻网站——中国网，开始精心打造多媒体核心品牌栏目《视频中国》。该栏目承载着中国网全网视频类资讯的播报任务，重大事件专题报道率达90%以上，内容涉及各个领域，旨在通过视频手段向世界及时全面地介绍中国。2009年7月《求是》杂志建立的网上理论传播平台"求是网"正式上线，专设《求是视频》频道，与其他频道共同来实现"思想建党、理论强党"的根本宗旨。这些非营利性的国家宣传窗口同样承担了网络世界国家喉舌的职责。

当然，随着门户网站的视频转载、视频网站的不断涌现，传统媒体也不甘示弱，纷纷介入网络的发展。2009年2月，央视网开始筹建国家级网络电视台。国家级网络电视台的建立反映了以视频为核心表现形式的网络媒体的发展趋势，体现了用户对传播质量的要求，以及其对内容版权与合法性的要求。同年6月，新华社电视成为开心网的第一个机构用户；不久，上海文广新闻传媒集团正式推出网络电视"上海网络电视台"；同年底，浙江卫视的"新蓝网"视频网站上线；次年初，湖南卫视的网络电视"芒果TV"从金鹰网剥离出来；之后，安徽卫视、凤凰卫视也相继推出自己的网络电视台。

同时，社会化媒体，如开心网、人人网、豆瓣网等，或改版或崛起，更是将视频传播广泛地应用于网络的社交领域中，使互联网的视频传播更加多元化、互动化与社交化。一时间，各种贴吧、论坛、聊天室等充满了上传与分享的视频，来自平民的播客演绎几乎风头无两，商业市场为了生存的竞争达到白热化程度，且持续至今。

但是，从图3-1我们可以得知，截至2009年，市场对网络视频最大的节目需求就是电影和电视剧，由于合理、合法使用版权的问题并没有得到有效的控制和管理，视频网站的盈利模式单一，普遍依靠高水平制作的电视剧、电影及综艺类节目等直接满足市场需求。由于这一时期国内的用户原创内容创作生态的不成熟，像《一个馒头引发的血案》《鸟笼山剿匪记》《春运帝国》等国内爆火的网络视频形态，基本都是以重新剪辑影视内容为素材，拍摄的内容一致缺乏高质量保证。这意味着，轻易地获得专业生产内容（PGC）的视频网站势必会遭遇重新洗牌的命运。

2008年左右，鉴于与传统网站的带宽和流量的悬殊，资本的观望态度使视频网站的生存岌岌可危，大部分视频网站为了提高视频投资回报与点击率都开始积极主动牵手电影和电视剧。由此渡过难关的视频网站巨擘们，在2009年开始降低用户原创视频在内容生产中的权重，注重采购影视内容环节，用户原创视频的生态模式处于苦苦支撑状态。2008年9月，凤凰宽频首播国内首部网络互动剧《Y.E.A.H》。之后，各大视频网站纷纷"触电"，打造自己的原创作品。2010年及之后的两年间，随着优酷、土豆相继上市，影视剧内容生态以压倒多数的态势占领了视频网站市场。

公益新媒体视频传播与创作

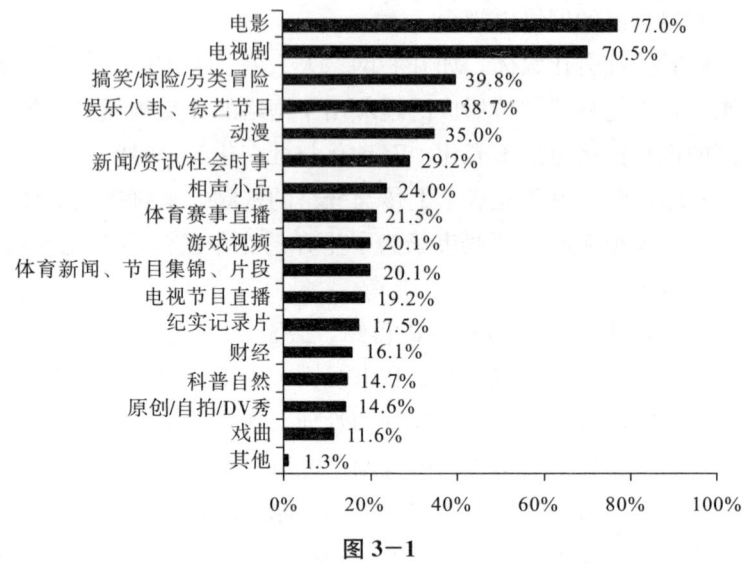

图 3—1

　　内容转变意味着发展路径的转变。同行业的竞争方兴未艾，又要面临 P2P 视频行业的 PPS（网络电视软件）、PPTV（网络电视）、快播，专业下载软件行业的迅雷、Verycd（电驴分享），视频播放器行业的暴风影音等的巨大挑战。2010 年百度、爱奇艺视频和 2011 年腾讯视频正式上线。从 2009 年"打击盗版"开始，版权而非产品质量成为视频行业相互厮杀的利器。2012 年的 7 月，优酷和土豆完成了合并，标志着中国新媒体视频竞争进入新阶段。

　　从 2012 年至 2016 年，中国的视频网站从采购内容发展为自制内容，到 2016 年中国网络平台自制内容数量呈井喷式爆发（自 2016 年在国家新闻出版署备案的网络自制内容数量是 2015 年的 9 倍）。用户市场也逐渐细分化，新媒体视频为了适应新环境，各视频网站也分别推出综艺节目、电视剧、网络大电影等特色内容吸引、黏化客户群。

　　随着 2009 年 3G 移动互联网的普及，适应新媒体语境的视频形态更加细化，户外固定公共空间视频等也加入了新媒体视频的行列。视频节目形态针对各类流媒体平台和公共场所推出了微型剧，例如微电影、手机剧、地铁剧等虚拟叙事剧。

2009年，国内领先的年轻人文化社交网站哔哩哔哩（Bilibili，以下简称B站）脱离2007年成立的AcFun弹幕视频网站（以下简称A站）后独立问世，二者的特色都是悬浮于视频上方的实时评论功能，用户称其为"弹幕"，弹幕视频系统源自日本Niconico动画弹幕视频分享网站。这种特殊播放器不同于传统的播放器评论系统，它是独立于播放器之外的，能给用户带来"实时互动"的感觉。最初二者都不具备上传和储存视频的功能，挂载具有弹幕分享功能的视频来源实际上仍然是第三方平台。然而，视频社交网站因为"弹幕"这一新功能拉开了新媒体视频社交新机制的序幕。后来，A站直播周边业务诞生了游戏直播分享网站斗鱼TV，发展到2014年1月斗鱼直播内容除了游戏直播，还涵盖了娱乐、综艺、体育、户外等多种视频直播内容。主营"二次元文化"的视频社交网站早期都采用挂载第三方视频的方式，这降低了视频网站用于存储与带宽的成本。经历金融危机后的2009年，后起之秀用极少成本和资金投入度过了低迷期。三年后，B站从窄众的二次元社区向更泛化的兴趣视频社区平台的演化，直接促使UGC的制作投稿量从游戏到美妆、旅游、美食的生活主题类增加。

在经历了2014年网络自制剧元年、2015年网络原创节目井喷年、2016年网络直播元年、2017年短视频异军突起之后，随着视频内容市场的深入发展，视频行业内容逐渐多样化，内容生态朝更加成熟、细分的方向发展。据统计，截至2018年全国在线视频内容市场规模已远超传统电影行业，成为中国文化产业最重要的组成部分之一。网络播放平台由单一电脑端发展为手机、平板电脑（小屏）、电脑（中屏）、电视、投影（大屏），以及户外、电影（超大屏）各类独立或融合的播放平台。网络视听内容创作从简单的用户生产内容（UGC）发展为网络剧、网络综艺、网络电影、纪录片、超级剧集、短视频、互联网音频、二次元内容、影游联动内容等全面赶超针对传统媒体制作的专业生产内容，涌现出大量专业服务于网络视听的内容制作。短视频应用的用户规模和使用时长呈爆发式增长态势，成为中国网络视听市场的新生"主力军"。①

二、飞跃发展的短视频与新技术

2005 年爆红的网络短片《一个馒头引发的血案》，彼时被称为"恶搞"视频，一致被业界看作微电影的雏形。其后，该产品内容生产得到网络视频平台的力推，五年后《青春期》系列等视频作品涌现，微电影的突起推动了向短视频的亲民化发展。彼时，尽管有微电影及工具类视频应用小露锋芒，但移动社交格局尚未成形。在对短视频的较长时间的摸索中，工具类短视频因为缺少社交属性，用户黏性差而显现颓势。相对地，社交类应用软件由于强烈的社交属性、低门槛性、碎片化等特征，使其大量涌现，各社交平台在原有的图文交流基础上开发短视频功能，提高了用户的体验感，让用户可以更加多元、立体地展现分享内容。2013 年，随着 4G 网络逐步推行，敲开了移动社交的大门，短视频普遍被认为是值得布局的新赛道，同年 8 月，阿里巴巴投资趣拍，新浪微博牵手秒拍，腾讯推出微视，快手也转型社交短视频。此外，还有微拍、啪啪奇、微录客等一大批短视频应用竞逐，于是这一年成为移动短视频元年。2014 年 5 月，美图秀秀推出了强工具属性的美拍直播软件，推出了视频特效、人像特效等功能；随后 8 月，又推出了"照片电影"功能，打破了图片与

---

① 中国网络视听节目服务协会：《2018 中国网络视听发展研究报告》，2018 年。

短视频的界定。同月，在慈善活动"冰桶挑战"的刺激下，秒拍日活跃用户破200万。2015年5月，秒拍同系公司推出小咖秀上线，通过提供现成的场景、剧本，吸引用户参与对口型表演。同年7月，秒拍冲到排行榜第一名。2016年底，秒拍用户破亿。

在社交娱乐短视频兴起时，短视频新媒体亦呈现百花齐放之势。2014年9月，《外滩画报》创办的"一条"短视频新媒体在微信公众平台推送，主打生活美学，每条视频3~5分钟，包括美食、建筑、摄影、茶道、手工艺等内容，由此带动了短视频新媒体创业浪潮。刻画短视频平台以制作"杂志化短视频"为主，"二更"为原创短视频内容平台，即刻视频为知识性短视频平台、梨视频为资讯类视频平台等，不一而足。

另外，内容类短视频节目生产机构，则以中央电视台、人民日报社、新华社三家主流媒体为代表，投入其中的还有2016年《新京报》的视频新闻项目"我们视频"、《南方周末》投资的南瓜视业、上海报业集团的箭厂视频，2017年浙报集团的"浙视频"等。对应的视频生产趋向快速化、轻量化，短视频制作亲民、通俗、简洁，观众更易获得亲近、随和的体验，视频生产成为新媒体时代的常态。

2017年4月10日起，关闭微视项目，这意味着单纯叠加资本与明星的内容生产长尾效益难以捉摸。在各短视频平台争夺流量之际，内容生产已悄然向多元化方向延伸。2017年，短视频呈彻底爆发状态。

2012年11月，GIF快手从工具应用转型为快手App短视频平台。平台通过引入个性化推荐算法，针对每个用户喜好推荐内容，运营覆盖农村或三四线城镇的下沉用户社区，至2016年平台另类的张狂与文化呈现出中国地域多元、经济多元、人群多元的特点，这些较为稀缺的短视频迅速崛起；然而，从2017年3月起，之前不温不火的音乐创意短视频社交软件抖音，采用全屏竖版模式,开始挑战快手一家独大的"霸权"。同年5月,抖音百度指数大涨,用户量急剧飙升,日均视频播放量已过亿,下载排名超过了美拍、秒拍等元老级别的短视频平台,至2018年初,抖音已在中国苹果应用程序商店(App Store)单日下载量排名第一,并创上线后保持榜首最长时间的记录。通过与B站等合作,抖音引入明星、关键意见领袖(KOL)资源,通过制造话题、提供大量素材,打造年轻的酷文化,依托算法推荐,以"PGC+UGC"强运营模式带动用户观看和参与,在中心化与去中心化之间实现了完美的平衡,塑造了流量的持续性。微信、微博与时长15秒模式的抖音并称为"两微一抖",重新定义了移动短视频的模式。客户定位地域差的快手与抖音,成功地组建了短视频领域新秩序。

缔造了抖音的今日头条,趁势推出了西瓜视频、火山小视频(后更名为抖音火山版)等,企图通过不同调性的产品捕获不同喜好的人群。同时,2017年4月土豆启用全新Logo,转型短视频,百度推出好看视频,同年8月腾讯重启微视项目组,同年11月奇虎360推出快视频。

目前,短视频作为新型媒介载体,为众多行业注入新活力,并且已经与消费关联的多领域交叉渗透,成为一种互联网生活方式,日活跃用户增长势如破竹,2018年已经强势反超综合视频,日均启动次数也远高于综合视频与视频直播。短视频和互联网直播的爆发式发展催生出旨在实现整个网红产业链共赢的多频道网络的产品形态模式。随着垂直领域内容更加大力地发展,MCN机构的准入及生存门槛都将提升,机构在争夺资源方面的竞争日益加剧,因此,通过场景化、垂直化的内容进行差异化竞争成为众多MCN机构的主要策略。

2019年,互动视频横空出世,该年成为我国互动视频元年。爱奇艺、腾讯、B站、优酷均正式上线互动内容平台,并公布了互动视频创作标准和互动内容技术标准，为创作者提供内容创作流程、平台账号开通、互动播放系统介绍及技术规范等指引。伴随 5G 时代的来临以及 AI、VR 等技术的不断进步，互动视频商业模式的继续完善，互动视频所具备的较强的市场竞争力或将成为内容产业引领性部分，为我国泛娱乐产业带来新的变化。

三、五彩纷呈：新媒体视频自制节目

在优酷、土豆合并之后，优酷率先实现全生态的节目模式，成为行业内首个输出央视版权的视频网站。优酷创意自制的节目种类较多，涵盖了娱乐播报、真人秀、明星访谈、高端对话、音乐盛典、脱口秀、综艺节目等类型，从 2012 年的《老友记》开始，一路开辟了《优酷全娱乐》《晓说》《侣行》《男神女神》等节目。爱奇艺、腾讯视频、乐视网、搜狐视频、芒果 TV、凤凰视频等视频网站也紧跟其后开启自制节目生态，本书以商业网站自制节目为主要讨论对象。

（一）网络综艺节目

相较传统电视节目而言，网络自制节目发展初期，类型较为单一，以脱口秀、真人秀为代表的综艺节目在各大视频网站"独大"，几乎覆盖了视频网站全部的节目资源。随着资本的追逐、定位的成熟，网络自制综艺节目在总体上呈现质与量同时提升、市场份额和内容定位逐渐分化的趋势，主流视频网站播出的综艺节目来自电视台或电影版权或自制综艺。前者有：芒果 TV 播出的台播转为网播的节目，比如，2016 年推出的《爸爸去哪儿》第三、四季，《妈妈是超人》；2017 年的《变形记》《快乐男声》等。另外，2020 年初，大电影《囧妈》牵手流媒体新贵字节跳动，转战该公司旗下的各头条系视频 App，推出免费网络在线

首播;① 后者有：2015年优酷网推出的《歌手是谁》和《老大哥》中国版，2018年《这！就是街舞》等。其中，《这！就是街舞》在国内热播后，被江广盈科买下播放版权，在中国香港地区及泰国、新加坡、马来西亚等十余个国家电视台播出。芒果TV于2016年推出了《明星大侦探》和《黄金单身汉》；爱奇艺2014年推出了《奇葩说》，2015年推出了《偶滴歌神啊》，2017年推出了《吃光全宇宙》和《中国有嘻哈》，2018年推出了《偶像练习生》，2019年末推出了《潮流合伙人》，2020年推出了《瑜你台上见》等；腾讯视频2015年推出了《拜托了冰箱》，2016年推出了《拜托了衣橱》《放开我北鼻》，2017年推出了《吐槽大会》，2018年推出了青春成长节目《创造101》等；乐视网2015年推出了《十周嫁出去》《中国超模》等。

（二）网络主（专）题节目

2015年前后，网络自制节目类型开始向多样化方向发展。除综艺节目外，各大视频网站从自身定位出发，相继推出资讯、财经、生活服务、教育科技等各类节目；同时，也形成了着力打造大型节目并围绕此IP做多层次开发、培育低成本节目以及整合编辑类节目等立体生产体系。例如，腾讯视频2015年推出了文化访谈类节目《易时间》，2019年推出国内首档律政职场观察类真人秀《令人心动的offer》；优酷网进行差异化定位，以实现"大而全的综合性视频网站"为战略目标，推出了一系列体现中国国家精神的文化类节目，如2013年的《侣行》，2014年的《相征》，2015年的《看理想》系列之《一千零一夜》《局部》《听说》，2016年的《圆桌派》，2017年的《你说的都对》等节

---

① 大电影不属于综艺节目，但是因为它自首创后从电影院线转为网络播放，与本节分类标准大体一致，故作为新生研究对象置于本小节。

目；爱奇艺定位于综合性视频媒体，执行立体化的节目布局，增加了科学类、生活服务类、纪录片节目的自制力度，推出了教育类节目如2015年的《科技相对论》、2018年的《博物奇妙夜》等；乐视网在巩固综艺节目的同时，独树一帜地推出了系列自制的体育相关资讯、脱口秀及访谈节目，如2013年的《星月私房话》，2014年的《体育早班车》《体育滑翔机》等；凤凰视频坚持自身的人文特色，将纪录片视为差异化战略的重要产品之一，把视角投向普通百姓，于2014年底推出了《甲乙丙丁》，2015年推出纪录片《创·纪录》等。

近十年来，我国网络纪（录）实类型节目产业规模持续增长，形势喜人。优酷网从《侣行》开始，于2014年推出了脱口秀纪实节目《袁游》、展现青年创业的《行动志》，2015年推出了真人秀纪实节目《我是谁》、大型人文纪录片《我们的时代——十年感想录》，2016年推出了展现非遗特色的纪录片《了不起的匠人》等；爱奇艺2017年推出了系列纪录片《讲究》《大国匠人·遇见非遗》；腾讯视频2018年推出了美食类纪录片《风味人间》、创新性自然类巨制纪录片《王朝》、历史纪录片《生活在古代，来点小意外》；B站推出了美食人文类纪录系列《人生一串》；芒果TV 2019年推出了聚焦当代青年人追寻梦想的《我的青春在丝路》；等等。但是，相比网络视频的整体营收，网络纪录片所占份额还很小，相较而言，精品内容还不足，产业化程度不高，产业链发展不够完善，受众群体尚处于培养阶段。从整体来看，我国纪录片市场还没有被充分开发，尚有广阔的提升空间。

（三）网络自制剧

我国的网络自制剧萌芽，是2006年的《一个馒头引发的血案》，当时其被看作一种文化现象。恶搞视频一般不具有完整情节,制作粗糙。之后,出现了 2009 年的《赵赶驴电梯奇遇记》、2010 年的《Mr.雷》等作品。2010 年下半年,各大视频网站为应对版权危机、开拓市场,纷纷加大投入制作自产自销的视频产品。因此,自制剧得以快速发展,产量和质量较之前都有所提高,代表作品有土豆网的爱情偶像剧《欢迎爱光临》和先锋科幻剧《乌托邦办公室》、搜狐视频的首部网络门户剧《钱多多嫁人记》等。此时的网络自制剧已拥有完整剧情,开始了向专业化发展的探索。

2013 年,迷你剧《万万没想到》系列作品引燃了中国网络自制剧市场,它紧扣当下热点和迎合年轻观众心理的做法得到了市场的极大认可。擅长娱乐的搜狐紧随其后,出品了 2014 年的周播剧《匆匆那年》、2015 年的飞米剧《屌丝男士》。这一时期自制剧以情景喜剧和都市情感剧为主,并且以视频网站原生内容为主,独立创作编剧,控制产销环节。《屌丝男士》的成功使其成为互联网第一现象级原创 IP。其中,自制剧也不乏对科幻剧、悬疑剧、奇幻剧等各类型的尝试,比如,乐视网出品的《拐个皇帝回现代》、爱奇艺出品的《灵魂摆渡》第一季、腾讯出品的《黑暗者》第一季等。

2015 年,网络自制剧与 IP 的结合,呈现井喷式发展趋势,中国自制剧出现了里程碑式作品。爱奇艺出品的季播剧《盗墓笔记》问世,两个月后上线了青春剧《校花的贴身高手》。搜狐奇幻剧《无心法师》《暗黑者》与《灵魂摆渡》第二季的开播说明了自制剧市场的正式成型。并且,搜狐同年制作推出的《他来了,请闭眼》,这是国内首部互联网反向输出到一线卫视的网络自制作品。IP 涉及的范围非常广泛,网络文学、网络游戏、动漫等都可以成为 IP 改编的资源,网络自制 IP 剧大多落实在网络小说的 IP 价值上。排行前十的网剧中 IP 改编剧占据了网络自制剧的大半江山,同年底,乐视出品了古装穿越网络自制剧《太子妃升职记》。之后，自制网络剧的步子走得更大。

2016年IP大热之风继续蔓延：乐视网推出了《睡在我上铺的兄弟》《遇见王沥川》，爱奇艺推出了《老九门》《最好的我们》《余罪》，搜狐视频推出了《法医秦明》等。排行前二十的网剧中IP改编剧数量仍旧过半。大热的网络自制IP剧一改段子式喜剧的碎片化和解构性，掌握了影像故事的叙事规律，开始通过制造冲突、危机等戏剧元素和波折起伏的故事吸引观众。2016年腾讯视频也刷新了低迷之势，以《我的奇妙男友》《怒江之战》《重生之名流巨星》成为2016年上半年网剧播放量最高的平台。下半年的《如果蜗牛有爱情》《鬼吹灯之精绝古城》则成为腾讯视频的流量担当。

2017年各大平台在加大资金投入的情况下，加速整合平台资源。如爱奇艺打造"大苹果树模型"推行泛娱乐生态模型，以IP及技术为核心成立文学版权库；腾讯视频整合了旗下的盛大文学、阅文集团，利用庞大的社交用户群，优化网络自制剧资源；优酷依托阿里巴巴的电商生态，带动大文娱产业的打造。由于"网台联动"带动了网络剧的变迁和影视行业的变革，网络剧已经发展到超级网剧，直到2017年提出超级剧集概念。以优酷为代表的主流视频认为，所有跨媒体联播的剧集都属于超级剧集；单平台播出的剧集，只要符合电影级制作、有影响力的IP、有号召力的主创中任意一点都具有超级剧集的特性。2017年至2020年初，优酷推出的《军师联盟》系列和《春风十里不如你》《三生三世十里桃花》《将军在上》《白夜追凶》《天意之秦天宝鉴》《烈火如歌》《古剑奇谭2》《天坑鹰猎》《长安十二时辰》，腾讯视频推出的《如懿传》《将夜》《沙海》《三生三世枕上书》，爱奇艺推出的《延禧攻略》《天乩之白蛇传说》《钟馗捉妖记》《芸汐传》《鬓边不是海棠红》等都引领着超级剧集的风潮。在平台赋能内容的背景下，围绕着类型化的剧集，将会形成更加精细化的工业化生产的标准与规则，横向衍生更多的产品或呈现与其他文化类产品互联的趋势，打造更加充实的内容与模式。

四、网络仪式——新媒体晚会

我们在对"央视春晚"进行传播研究的时候发现，该词的英语翻译是"CCTV's Spring Festival Gala"，那么"晚会"对应的就是"gala"，这个词的英文释义是 a special public celebration, entertainment, performance, or festival。从这个释义当中我们可以发现"晚会"这个词蕴含的意义与形式是多样的，指盛典、娱乐活动、表演及节日文艺汇演。在央视春晚会场喜庆的节日氛围下的歌舞、曲艺、相声、小品无一不呈现出"gala"涉及的每一个概念。在媒体高度融合的今天，我们在界定"晚会"这种节目形式的时候，载体与对象可以是多层级交叉，相互嵌套的结构。"晚会"从曾经的电视节目形态之一开始靠近新媒体，走向媒体融合，投入万众狂欢的怀抱，并逐渐成为新媒体节目形式之一。

在新媒体发展史上，晚会最早是以新媒体网站娱乐类颁奖盛典的形式出现的，无论颁奖舞台是否容纳歌舞表演抑或穿插互动游戏，都具有浓重的年度总结色彩。2012年，欢聚时代举办"YY娱乐年度盛典"，旨在表彰当年最优秀的网络直播主播，共颁发8种类型20个奖项；爱奇艺推出"一生一世正能量2013美丽中国晚会"，以传递正能量为核心，致敬倡导正能量的明星榜样及他们为整个行业发展做出的贡献，分享与传递爱奇艺充满正能量的生活与娱乐理念；从2014年开始，由腾讯旗下数字音乐服务平台QQ音乐每年举办"QQ音乐巅峰盛典"活动，旨在打造真实、可信、公开、公正的新音乐典范和权威标榜。每届颁奖项目不下30项。这一类型的晚会，由于其排行榜性质，逐渐集结的可信度与权威性使它被市场赋予了新的话语权。同时，它们

第三章 中国新媒体视频形态的演变与公益的介入

仍将以阶段性总结汇报的形式,继续刺激创作空间并反哺市场。

在媒体融合的大背景下,电视台凭借其悠久的历史和强大的实力,联合视频网站打造网台直播的晚会产品也会成为历史发展的必然趋势。第一个吃螃蟹者是湖南卫视,它于 2016 年 12 月 31 日与爱奇艺、芒果 TV 联合直播的"2017 湖南卫视跨年演唱会",开启了晚会节目真正涉足新媒体的尝试。视频网站的会员们借助 VR 全景技术实现了 360°全景观看的沉浸式体验,如同穿越时空在演唱会现场。随着网络经济的推动,在万众消费的网络世界里,"晚会"可以给具有同一诉求的消费群体提供了一个开放的剧情走向,建立一种互动式的联结。自 2015 年开始,阿里巴巴启动了"天猫'双 11'全球狂欢节",从此开启了电商联合电视台与视频网站合作共襄"消费+娱乐"盛会的模式。通过一年一度的"双 11"春晚和节节攀升的成交额,全球的消费者和商家像欢度春节一样,游走于各媒介之间,通过多屏多场景互动,获得崭新的体验,"晚会"强大的功能性叠合仪式感将购物狂欢节升级成为全民盛典;与此同时,"双 11"春晚让中外文化得以碰撞,以文化与世界共赢为观众打造一场全球化时代的"新国民记忆"。①

面对新媒体编织的如蛛网般密集细微的互联网络,以电视为代表的传统媒介也不得不暗自感叹新媒体呈指数级增长的传播魔力。媒介的作用不仅体现在其传递性上,事实上,每种媒介都是在传递一种隐喻,新媒介的产生都在很大程度上影响着使用者的思维方式与表达方式。媒介传递的隐喻总是无法脱离媒介事件,根据 1994 年出版的《媒介事件》一书的表述,所谓媒介事件主要是用来指称那些具有仪式性的电视直播事件,并且这些仪式性

---

① 律苗苗:《狂欢理论视角下天猫"双 11"晚会探析》,《新闻研究导刊》,2021 年第 4 期,第 79 页。

的电视直播事件是"经过提前策划、宣布和广告宣传的",观众被"邀请"来参与一种仪式、一种文化表演。它不是独立于电视媒体参与之外的存在,而是通过"美学化政治""仪式化政治"等机制深度参与许多历史事件,并具有干扰性、垄断性、直播性和远地点性等特点。① 这种电视营造出的媒介事件与媒介仪式,在文化软实力建构的社会框架下同样存在于新媒体传播的架构中。"随着传播渠道的增生扩散,以及伴随而来的新想法的出现,社会群体可能更加依赖内部,且更有能力根据它们自己的兴趣定制文化,排斥其他人。"② 加之互联网互动性的特点,代表着媒介的"真实"与"现场感"等仪式范畴的新发展。未来,媒介的仪式空间会间断地催生新的形式、范畴和边界。③ 对于特定诉求的受众,互联网精准的传播力显然超出了所有人的预期,特别是在今天的亚文化青年群体当中,新的传播形式迅速显现。在梳理活跃于网络中的亚文化 UGC 节目创制过程中,我们可以清晰地看到基于亚文化群落的媒介事件是如何进行必要的仪式化表述的,又是如何运用仪式化的特征吸引和影响观众的。

前述网络真人秀综艺节目如《这!就是街舞》《热血街舞团》《中国有嘻哈》等就是正在经历的"新媒体+街舞""新媒体+嘻哈音乐""新媒体+电子音乐"等亚文化结合的爆款产品。所以在某种程度上,吸收原生态的艺术生动性和想象力,并赋予其更多的文化共识和符号意义,既是资本对亚文化的物化过程,也是主流文化自我丰富的手段之一。从 2018 年开始,由芒果 TV 主

---

① 丹尼尔·戴扬、伊莱休·卡茨:《媒介事件:历史的现场直播》,麻争旗译,北京广播学院出版社,2000 年,第 11 页。
② 约瑟夫·斯特劳巴哈、罗伯特·拉罗斯:《今日媒介:信息时代的传播媒介》,熊澄宇等译,清华大学出版社,2002 年,第 408 页。
③ 李泽华:《"媒介仪式"理论的内涵、发展与争议——基于英文文献的分析》,《安阳师范学院学报》,2018 年第 6 期,第 110 页。

第三章　中国新媒体视频形态的演变与公益的介入

办的"青春芒果节"收官晚会《青春芒果夜》,就是一款以用户为中心,用芒果记忆、用户故事、潮流文化和IP发布等方式来实现的多元互动节目。《青春芒果夜》晚会除了突出青年特性和年轻文化,最具特色的是黏合了芒果TV经典IP内容、热门影视剧和青年优质榜样串联用户,还原用户和芒果TV的共同成长轨迹和温情回忆,传达新时代的青年之声。① 在这里,青年找到了自己的群体和归属感,来自内部的认可和相互紧密的依赖造就了极高的忠诚度,对意见领袖的一呼百应,不断地制造属于自己的媒介事件,并负责履行媒介仪式的义务。

这一点,从B站2010年起每年除夕举办的联动视频节目《哔哩哔哩拜年祭》开始,到2019年的B站跨年晚会的"鲤鱼跃龙门"事件我们就清楚地看到,B站在近十年的时间里,悉心培植的亚文化土壤边界在扩大,直至入驻主流文化圈,成为典型的亚文化媒介事件。B站的节日拜年祭,对于任何一个B站用户来说都是必不可少的"传统"项目,被称为"二次元春晚"。它符合所有对媒介仪式特色的定性——"盛大性、神圣性、庆典性和融合性"②,是围绕关键的、与媒介相关的类别和边界组织起来的形式化行动,这些行动表达了更广义的与媒介有关的价值,或显示着与这种价值有关的联系。③ B站拜年祭从最初不到1小时到后期超过4个小时的规模,从起初40位上传者到后来300位上传者被邀请参与,从最初的小众的二次元特色模仿节目到主旋律、现实讽刺、原创曲目等多样化节目,为实现打造青年最期

---

①《郭富城李宇春倾情献唱人气高涨青春芒果夜热情落幕》,2018-08-08[2021-08-04], https://www.sohu.com/a/245867595_161623。

② 邵静:《媒介仪式:媒介事件的界定与仪式化表述——以我国的春节联欢晚会为范本》,《浙江传媒学院学报》,2009年第4期,第7页。

③ 参见尼克·库尔德里:《媒介仪式:一种批判的视角》,崔玺译,中国人民大学出版社,2016年,第33页。

待的文化事件和年末盛典的愿望，铺就了最具特色的晚会媒介关联路径，这种关联一直延续到 2019 年末的跨年晚会并达到了高潮。

相比拜年祭逐渐积累的内部家庭型信赖与认知，2019 年 12 月 31 日 B 站举办的"2019 最美的夜"跨年晚会，如同走出舒适区的青春期男孩憋足劲儿的十八般武艺大比拼，其猛烈的爆燃之火远远超过了之前对 B 站的边界定位，受到来自《人民日报》、共青团中央的表扬。从大众传播的角度看，尽管其定位是泛年轻、泛娱乐的文艺晚会，但结合 B 站内典型的"ACGN"① IP 及站内热点事件、高度专业性兴趣等综合因素的考量的内容设计，这才是议程设置的重点。这意味着它奉上的是完全不同于既往观念的"晚会"，并且具有作为媒介仪式的可持续的周期性，它如同春晚一般令人期待。这种设置基于大数据提供的可靠信源，同时也包括基于本站特色的长时间积累，以及对青年亚文化取向的"尊重"，特别是它充分有效地利用了新媒体信息传播者与接受者兼具的双重身份的用户资源。这届晚会中，依然潜存舆论导向，充满二次元底色的青春旋律、经典日漫国漫及电影的主题曲，加上网游组舞带动的怀旧情绪，穿插其中的央视名嘴主持的鬼畜段子与正能量军乐演奏，看似不搭界的洋乐、民乐等的演奏，无一不存在于传播中国精神的宏大叙事架构中。基于理解青年用户所做的精心设计，最终扎根青年文化的对外或者对内的传播中，通过实现象征性活动或者象征性符号的过程，将媒介组织建构的形象与受众认知的形象两个维度的媒介形象②自然地合二为一，清晰地树立起 B 站作为青年用户文化原创生产的先锋媒介形象。

---

① ACGN 为英文 Animation（动画）、Comic（漫画）、Game（游戏）、Novel（小说）的合并缩写，是从 ACG 扩展而来的新词汇，主要流行于华语文化圈。

② 参见李朝霞：《媒介仪式是媒介形象建构的重要方式——基于二者内涵的考量》，《佳木斯教育学院学报》，2013 年第 7 期，第 447 页。

第三章 中国新媒体视频形态的演变与公益的介入

第三节 新媒体视频大面积深入公益传播

在以上新媒体视频的形态中，在传播公益的频度和效度上，短视频无疑是适配度最高的一种，在内容和数量上远超其他形态。网络综艺节目和网络专题节目都会以节目的趣味性为考量基准，制作以公益为主题或者在节目间插入、融入相关公益元素的娱乐性节目。从其规模和效果而言，这类形态影响力更加持久、广泛。网络短剧以青春励志为主的公益故事居多，通常又以年轻团队为主或以获奖为目标的青年习作剧居多，一般由相关政府机构牵头制作，或者发布在新片场这类孵化型新媒体影视内容平台上。

一、网络短视频

从 2014 年"冰桶挑战"开始，短视频迅速成为公益传播组织的新宠儿。今日头条平台的公益图文阅读数 2018 年全年突破 246 亿，比 2017 年增加了 80 多亿的阅读量，是 2016 年阅读量的两倍多。公益传播进入 3.0 时代，逐渐形成一套活性生态系统，公益机构、互联网平台、媒体、用户均参与其中。新媒体科技平台不仅是一个传播工具，也是重要的参与方。同时公益活动也不再是互联网公司额外的社会责任，而是已成为互联网平台主营业务中的有机组成部分。代表案例是罕见病发展中心与抖音、今日头条旗下微头条共同发起的"橙子微笑挑战"接力公益行动，借助短视频、微头条的内容形成内容接力，唤起公众对面肩肱型肌营养不良症（FSHD）罕见病群体的关注。该挑战赛在抖音平台的参与人数超过 17 万人，总点赞量突破 4500 万，话题浏览量达 23 亿。同年相关数据还显示，抖音短视频平台单个公益短视频内容最高播放量超过 960 万；西瓜视频平台 2018 年一共产生12万个公益短视频,平均单个公益短视频播放量超过2万。传播总量和规模超千万级别的短视频正在成为公益传播的新方向。另外,短视频公益传播中,最受用户关注的话题多集中于扶贫、儿童和环保等领域。其中,"冰花男孩""绿水青山就是金山银山"等话题曾在2018年引起社会广泛关注。此外,汶川地震十周年相关内容引发众多男性关注,男性对公益领域的关注度首次超过女性对公益领域的关注度。

2017年,短视频迎来了被誉为"短视频界的奥斯卡"的金秒奖,该奖是由聚合多元文化的综合视频平台西瓜视频主办的国内首个新媒体短视频奖。当年评选出"一条""二更""箭厂"等优秀视频制作团队。次年,箭厂自制短视频《自杀干预接线员》引发了社会广泛讨论,短视频中融入公益元素,被更多的组织机构知晓和认可。金秒奖的设立,进一步让短视频不再停留于消费娱乐,还促使其作为内容载体承担和输出更有普遍意义和社会价值的内容,推动社会价值向公益领域加速流动和聚集,为"短视频+公益"提供了更大的想象空间。

二、网络综艺

随着网络综艺的发展,对于综艺价值的认知,逐渐从以往的单纯娱乐转向积极体现视频平台的社会责任和担当,以及对社会正能量的弘扬等更有意义的层面上。以腾讯视频为例,从2016年开始,该平台推出了《拜托了》系列综艺节目,获得了《人民日报》等多家权威媒体的认可。由此,网络综艺走上了以"明星+"模式践行公益的道路。2017年的综艺市场愈加成熟,"文化情怀""人文关怀""社会正能量"等成了网络综艺界的热门话题。2017年3月《放开我北鼻》第二季也把爱心延续到了线下,通过地铁"北鼻专列"的车内海报,呼吁乘客对孕妇、幼童等困难群体提供力所能及的帮助,力行社会公益。同年4月曾经的

《侣行》走到了第四季——《我们的侣行》。节目探险的背后透露出的文化自信、中国实力和民族自豪感得到高度评价，折射出中国人精神世界、思想观念的转变，契合了当下创新的时代精神。同年5月《约吧大明星》第二季开播，以切实帮百姓解决难题为主旨，其中，"帮助高三学生减压""救助流浪动物""为留守儿童圆篮球梦"等公益项目的策划和执行赢得社会的一致好评。2018年10月，全国首档互联网公益节目《为爱下厨》开播，通过网络视频节目形式传播公益理念，践行社会责任，引导全社会民众关注贫困地区青少年儿童健康成长，助力营造风清气正的网络空间。由此，2018年被称为"互联网公益元年"。接着，2019年推出的《忘不了餐厅》作为全国首档关注认知障碍的公益节目，邀请了五位有轻度认知障碍的患者加入节目录制，通过公益节目的形式树立社会公益形象。该系列采取综艺与科普双向并重的模式，把阿尔茨海默病这种老年人常见的疾病融入餐饮类综艺节目制作中，把老年人这个容易被社会忽视的群体带到大众眼前，引起社会的再度关注，用公益和科普的方式向大众传递出应加强对特殊群体的关爱。

三、网络主（专）题节目

网络主（专）题节目与公益牵手也成为流行风尚。在2013年，暴风影音公司推出自制人文类视频系列节目《牛人传》，呼吁社会关怀困难群体。该节目为了方便有听力障碍的困难群体观众，特意安排了手语主持，将浓郁的人文气息与强烈的人文关怀精神相结合，为自制视频节目带来一股公益传播之新风。这种利用品牌影响力和公信力倡导公益的行为，有利于网络自制节目"去娱乐化"，对于号召业内共同关注公益事业具有十分重要的意义。除此，明星主题真人秀节目也表现不俗，2019年芒果TV制作的先锋试验旅行真人秀节目《小小的追球》，从四位明星嘉宾的视角诠释地球的雄壮美丽与瞬息万变，发挥年轻一代保护环境理念的先锋作用，得到中国生物多样性保护与绿色发展基金会颁发的宣传大使的称号，在荣誉和责任的加持下，他们表示要广泛动员全社会关心和支持生物多样性保护和绿色发展事业。

四、网络自制剧

网络公益短剧或系列剧大多聚焦青年一代的生活烦恼、迷茫和追求等，话题以反映校园暴力、规劝良好行为、关心乡村和励志上进为主，较多以校园短剧等形式呈现。例如，2015年东北电力大学校团委出品的三部励志型短剧《月光餐厅》，2016年校园公益微电影《假如给我三天光明》，2017年校园青春公益微电影《那年我们十八岁》。2020年初，以明星加盟助推微公益的模式愈加频繁，如起用相声演员李菁制作网络安全公益短剧《消失的员工》。同年10月，预防校园欺凌公益MV——《青春需要温暖》首播，该MV由李易峰主演，劝诫校园暴力者，并告知遭遇校园暴力者如何寻找正确的应对路径。

五、新媒体晚会

如前述，新媒体晚会自诞生之时起，天生具有传递正能量。新媒体在进入公益传播3.0时代之后，新媒体晚会开始有意识培育线上、线下共时性的公益创新意识与模式。《2019天猫双11狂欢夜》推出了20分钟公益时间，明星扶贫是晚会的亮点之一，共有39位艺人为21个贫困县"带货"，充分显示了商业集团的社会担当，发挥了晚会的社会效益功能。2020年伊始，B站跨年晚会一度成为热门话题，晚会对中西方文化、古现代元素的包容并蓄，打破了代际文化的隔阂，得到了观众的一致认可。晚会表现形式丰富新颖，并以创新为前提对传统文化有致敬、有传承，让流行和现代、经典与传统相互融合重现光彩，展现了青年一代不断寻找与世界新的沟通方式的勇气与努力，在蕴含传统文化的中国情怀的哺育下，B 站跨年晚会扩展了公益传播中对国家精神的理解和认知维度。

六、公益类直播

2010 年 1 月，微博直播自首次出现后，迅速成为公益活动信息传播快速的平台之一。2012 年 4 月，在新浪微博直播中，联合国儿童基金会正式任命陈坤为联合国儿童基金会（简称 UNICEF）中国大使，和全球 300 多位名人履行 UNICEF 赋予的同一使命——为那些无力为自己说话的孩子们代言；2016 年，社交直播平台斗鱼推出"直播＋公益"新模式，主题涉及环保、扶贫、志愿者等多方面。KK 直播平台的《匠人与匠心》"非物质文化遗产"系列直播，将众多非物质文化遗产传人从幕后引至台前，让传统文化通过年轻化的表达方式进行传播等。还有，公益项目将直播作为展示和推广自我的全新渠道。比如，KK 直播 2018 年联手"微博打拐""免费午餐"等公益项目发起人邓飞推出了"e 农计划"，开拓出《帮农产出村，让爸爸回家》系列公益直播节目，直播农产品从"地里到餐桌"整个过程，符合"透明公益"的理念，帮助对接乡村农产品和城市消费者，助力农民返乡，关注留守儿童问题。近年，由于网红经济的爆炸性发展，"网红主播＋明星"成为直播中必然的组合模式，2019 年 12 月 12 日晚，淘宝公益直播推出的"口红一哥"李佳琦和明星同台直播，进入阿里巴巴特色电商脱贫模式的直播脱贫环节，直接参与公益直播，为偏远地区贫困县农产品带货，助力脱贫攻坚事业，成为最大限度发挥明星效应强大经济价值的公益直播典范。

第四章 公益新媒体视频的分类和案例分析

第一节 公益新媒体视频传播的落脚点

随着个人的社会化程度与社会开放度的提高,带有亟须解决问题的个人或群体及富有责任心的知名知识分子都逐渐面临曝光的困境。迄今,公益事业大方向与主要内容已全面呈现在公众面前。宏观上讲,公共利益的维护需要长期稳定的、制度性的政策作为导向,它是人类建设更温情、更健康的社会共同体必须坚持走下去的道路,无论是在上层建筑还是在经济基础上都需要宏大而坚固的体系来统辖并维持。目前,对公益事业的重要性和必要性,不管是境内或境外还是国家层面或个人层面,认识几乎是高度统一的。微观上讲,只有把历史的使命与宏大的心愿落实到与衣、食、住、行的日常细微之处,才可能是公益事业前进的方向。尽管公益的根本初衷是利"他",但是在公益的生态圈中,其实是"他"中有"我",前者泛指大众,后者特指个体小我,人人都争做参与者、传播者,也才可能是持续的受益者。基层公益的注意力需要着眼于"微小"的、易被忽略的地方,"小"事情更具有感化力、更容易与他人共情。近年,互联网时代成长起来的"微公益"正是强调全民参与并创造价值,充分利用互联网形而下的大众性、平民性、迅速传播性,达到真正实现公益的平民化、常态化的目的。"微公益"俨然一种生活方式，不仅推动了平民公益事业的发展，更传递出一种"人人公益"的理念。它作为公益事业生态链的新生力量是传统公益传播模式的有序延展和强力补充。

所谓最具传播力，形式多样、新颖地呈现内容应该是衡量新媒体的第一标准。公益宣传秉承的宗旨应该是高绩效性，一则报道、一段纪录片、一个专题故事，如果能直击人心、涤荡灵魂，我们认为它巧妙地利用了"多元思维呈现伦理"[①]，充分发挥了故事内容的有效性。新媒体视频宣传公益，无论什么样的用途、形式或内容，都追求最大限度的有效价值，无一不体现出"短、平、快"的特色。短，即内容不长，足以满足大众碎片化阅读的需求；平，是平等交流，并非单纯地发布命令或信息，传递者、接受者地位平等；快，就是它能迅速跟进事件发展和大众的兴趣点。

因此，聚焦互联网传播 3.0 时代的视频传播开发，着眼于具可操作性、踏实可行的微观视角和具有创新价值的可传播模式，是符合媒介特质和顺应时代潮流的唯一路径。

第二节　公益新媒体视频节目的分类

新媒体平台上搭建视频传播公益是目前众多公益慈善组织、机构、企业利用率最高，民众接触度与接受度都是最佳的路径。网络视频，作为 Web2.0 发展的标志，集声画图文于一体，弥补了传统表现文图的缺陷。其分类一般认为有狭义和广义之分。从狭义上理解，网络视频指的是以计算机为接收终端，通过宽带互

[①] 徐书婕：《新媒体背景下公益微视频的社会传播力》，《中国电视》，2015 年第 8 期，第 89 页。

联网传输的音频、视频节目。从广义上理解，网络视频包括以互联网协议作为主要技术形态，以计算机、电视机、手机等各类电子设备为接收终端，通过移动通信网等信息网络，涉及开办、播放、集成、传输视听节目的各种内容。[①] 鉴于新媒体语境下的讨论囊括了"资源通融、内容兼融、宣传互融、利益共融"的新型融合媒体形态，并考虑到本书探讨的主题是公益新媒体视频传播，本章拟将基于电信号的方式加以捕捉、纪录、处理、储存、传送与重现的各种技术生产的，以新媒体平台为载体播放的，每秒超过24帧画面的具有平滑连续视觉效果的，时长在60分钟以内的动态影像，纳入本章研究对象的序列当中，它包括网络视频、微电影、短视频直播视频等形式的节目。另外，电影短片虽然在生产流通领域属于电影类，但是投拍目的鲜有供院线放映，目前受众的接收渠道大多通过网络，因此电影短片也被列为本章研究对象之一。在此，我们将尽量避免采用单纯技术硬标准分类，而是采用文化类的软性标准分类。

基于以上前提，为了方便对公益视频影像创作的讨论，我们把公益视频节目大致按照主题内容、节目形态、发布主体、播出形式、参赛（展）作品五个标准进行分类。

一、按主题内容划分

根据主题内容不同的分类方式，用一句话概括就是，以社会主义核心价值观框架下的人文关怀、人与自然和谐共存的话题为主，大致分为政府政治、社会教化、慈善救助、公共服务、生态保护五大类。

[①] 卢群、黎阳、孔彬：《推开另一扇窗（上）——网上视音频新媒体发展纵横谈》，《广播与电视技术》，2006年，第33卷第6期，第23页。

（一）政府政治类

该类题材体现了国家民族的利益，能反映民族对传统的坚守，以及军事普法和文化保护等内容。政府政治类公益是指内容以表现国家综合实力、国家政策、民族文化为主的公益宣传、记录等，主要分为三类，分别是政府形象类、国民号召类和民族文化类。政府形象类视频多表现为政府宣传片，诸如宣传军事、经济、科技等硬实力，包括国家统一、倡导和平、民主平等、对外政策、国际支援等，让观众对国家、政府有一个全方位的正面认识，是帮助国民树立国家意识的优良渠道和方式。国民号召是指在特定或紧急的时候，引导和号召国民积极行动，如依法纳税、人口普查、参军拥军、遵纪守法、打击犯罪、下岗再就业等，引导民众围绕当下工作重心开展自己的工作，贯彻和落实国家政策，发展和壮大国家的综合国力和国际竞争力。只有提高国民教育、生活水平，国民主动参与保护民族历史文化、贡献智慧，才能壮大国家文化软实力。民族文化类是指提倡保护文物古迹和各类型文化财产，继承优良的民族传统、尊重民风民俗、保存民族节日庆典文化、破除迷信、宣扬革命传统教育等。

（二）社会教化类

这类题材体现了群体的道德意识与社会责任感，是公益广告宣传的最重要的内容之一，大致包括教授生活技能、树立面向未来的生活目标、树立创新意识，更新观念、超越自我、胸怀大志，遵守社会公德、家庭伦理、职业道德，保持个人修养等，社会教化内容的宣传历来会受到广泛的关注与重视，倡导大众遵守管理制度和法律规定，见义勇为、自由平等、自立自强，反对贪污、邪教、暴力、浪费，尊重乡规民约，养成现代文明行为，合理使用公共资源和设施，关怀帮助困难群体，睦邻友好、团结互助，为构建和谐社会共同努力。

（三）慈善救助类

这类题材体现了公益人文关怀、服务利他的性质。在公益实践中，从来不缺少对弱者的同情与关注，包括赈灾救助、扶危济困、助残助学等，具体表现为：协助政府开展救灾赈济工作，接收、分配捐赠的赈灾款物；组织各种社会活动，搞好扶贫开发项目，资助困难群众，开展扶贫救济工作；参与组织捐衣捐物、安老抚孤、失学救助、无偿献血、希望工程等慈善救助项目；开展重大自然灾害及突发公共事件的紧急救助，协助做好灾（疫）区人员心理抚慰工作等。

（四）公共服务类

公共服务类题材体现了政府行政事业的公益性部分，包括基础公共服务、经济公共服务、公共安全服务、社会公共服务，大多属于民生类公共事务。公共服务类题材主要包括生活常识、交通安全、用电安全、防火防盗、关注就业、援助教育、反对假冒伪劣产品、绿色消费、社会保险、预防疾病、健康管理等。

（五）生态保护类

生态保护类题材是公益事业最重要的不可或缺的部分，随着人类工业化时代的到来，人类赖以生存的地球环境状况日趋严峻，生态和谐已经成为各国共同关注的内容。常见的生态保护内容包括植树造林、保护水土、保护动物、节约资源、城市环保、低碳生活和普及科学认知等。

我们将政府政治和社会教化的内容归为"国家精神和民族文化"类，将慈善救助和公共服务合并归为"人文关怀"类。最后另设"环境生态保护"类，并对其进行讲解，此类主要包括科学公益概念的专业视频等。

二、按固定节目形态划分

新媒体视频按照节目形态属性的不同，大致可划分为：新闻评论类、纪实访谈类、创作剧类、网络自制剧类、直播节目类和公益歌曲（MV）。

（一）新闻评论类

此类新媒体视频包括公益新闻、公益评论等。视频新闻是网络视频栏目中最常见的形式，主要有网络拍客拍摄的公民视频新闻、公益慈善机构活动线上直播、职能部门通告等，这类视频都具有新闻的气质及针对公益事件的评论等特点。

（1）公民新闻一般指参与式新闻，其传播主体利用视频手段对新闻信息进行曝光就属于公民视频新闻。普通公民借助手机等新媒介及平台，发布亲自拍摄或制作的视频，表达最直接、最真实的观点，这类重大突发事件的报道引发了世界范围的轰动效应，如美国的"9·11"事件、东南亚的海啸、英国伦敦的地铁爆炸案等；以及传播主体的日常"身边事"，还能有榜样、约束、规范效应，如曝光公共场合的好人好事或身边不文明行为等。公民新闻视频不拘泥于体裁、角度和立场，不受传统媒体对新闻报道方式的束缚，真人、动画形式各异，语言各异并可随时切换，特色鲜明。当然，目前可信度较高的一般都是各级政府和企业宣传部门官方网络、微博 Vlog（视频网络日志）或视频网站及传统媒体的网络版视频新闻节目等，比如有门户网站的央视网、新华网、人民网、凤凰网、新浪、网易、搜狐、腾讯、百度等。

（2）公益慈善机构活动的线上直播也是非常普遍的网络发布信息方式，特别是许多网络行业企业自身就是公益慈善带头人，积极宣传、组织活动，这类信息也可归为行业新闻。比如，2016

年 7 月 9 日阿里巴巴首届全球 "XIN 公益大会——美好未来" 就在优酷公益同步直播。

法制网的《法治短评快》栏目，就是职能部门信息发布平台和参与网络评论结合的典型网络二级频道媒介。比如，2016 年 12 月 12 日，《法制短评快》就以主持人在线咨询专业律师的问答式对话的形式，针对当时社会反响极大的 "罗尔事件" 进行了讨论。2014 年凤凰视频策划了互联网首档时事新闻类脱口秀《又来了》，这是一档时评类栏目和主持脱口秀节目，有《幼教之殇：请不爱孩子的人远离，深度起底阴影下的中国幼教行业》《健身房里最令人讨厌的 10 种行为》等视频。

（二）纪实访谈类

这类节目包括纪录片、纪实类短片和访谈节目。其中，纪录片又包括纪录微电影、专项公益活动视频、自媒体发布的记录视频短片等。其中，纪实采访是纪录片常用的手段，采访内容为人物讲述、对话等。

（1）纪录片有系列剧也有单本剧类型的，前者有 2018 年凤凰网公益推出的《生而不凡·人物志》系列公益纪实短片。这部短片由 "穷拍姐妹" 团队拍摄制作，每部 5 分钟左右，以 "生而不凡" 为主题，每部记录一种罕见病的病友或病友家庭的生命经历与人生感悟。后者有 2018 年由三思院出品的公益纪录片《娃儿》，以关爱之心深入中国乡村，这是一部幼儿养育观察纪实作品。

（2）纪实类短片是依据真人真事采取回溯或者线性叙事方式拍摄的纪实类短片，如由中宣部宣教局、中央新影共同推出的社会主义核心价值观主题微电影优秀作品，2017 年以《绝壁天渠》为首的时代楷模系列，非常接近电视栏目中的专题报道。

（3）访谈类节目主要是以事件中心人物为主拍摄的纪实访谈

录。例如，搜狐公益从 2009 年开始推出的"明星公益 Easy Go!"中明星"行动大使"系列专访。2015 年开播的中国首档线上线下相结合的《爱心益起行》栏目公益类纪实专题节目，都是携手明星、知名企业家和社会爱心人士共同参与微公益的访谈纪实节目。2013 年凤凰网公益频道制作的人物视频专访栏目《公益先锋》，以中国乃至国际慈善界的名人为访谈对象，传播现代慈善公益理念。当然，这些节目本身也兼具可视性新闻报道的性质。

（三）创作剧类

此类通常分为根据真实故事改编创作的短视频和虚构创作的新媒体剧，后者又大致分为网络剧和微电影。

（1）短视频不胜枚举，如 2018 年由白求恩公益基金会出品，主题为"320 中国血小板日——让我们'凝聚爱的力量'"的旨在支援 ITP 患者的短视频《爸爸，我爱你》。另外，像上海微电影节、中国医院微电影节等展播的微电影作品，大多属于这一类。例如，中国医院微电影节第三届获奖作品之一的《废墟下的襁褓》，讲述了尼泊尔大地震中中国医疗救援队的故事；2018 年在由水利部主办的"河长制"公益微电影·微视频征集活动中获得一等奖的方言微视频《荥经河长制花样长知识》等。

（2）新媒体剧是近两年在流媒体平台及地铁、公交、车站、机场等公共场所播出的小型电视剧，被称为"时尚文化小快餐"。公益题材的创作与传统电视剧相比，目前尚不成熟，但仍不失为传递公益信息的有益补充方式。虚构创作类剧集有 2015 年由吉林工商学院出品的公益校园喜剧《礼仪校园》；2016 年全网开播的 20 集方言轻喜剧《奔跑吧屌丝》，其理念是用镜头传播公益，传递"真善美"，幸福"你我他"；2015 年由东北电力大学校团委出品的《月光餐厅》治愈系列公益网络剧。

（3）微电影即微型电影，又称微影，是指专门在各种新媒体平台上播放的、适合在移动状态和短时休闲状态下观看的、具有完整策划、系统制作体系支持、完整故事情节的"微时"放映、"微周期制作"和"微规模投资"的视频（"类"电影）短片，可单独成篇，也可系列成剧。

①单本剧微电影，比如2012年5月由新浪视频和乐视网推出的《梦想的力量》系列公益纪实题材微电影之《寻找失去的孩子》、2015年获得第二届中国国际微电影展"金桂花奖"的《零元招租》、2015年由人民日报社推出的《民生中国》公益系列微电影之《等你一声妈》、2018年台州市宣传部推出了一部母亲节公益微电影《实习妈妈》等。

②公益系列微电影数量逐年增加，不断涌现优秀作品。例如，保护国际基金会创意制作两季系列公益影片《大自然在说话》，以大自然元素为"第一人称"进行讲述。该片第一、二季中文版分别于2015年、2016年登陆中国，助力推广环保活动。为了纪念"5·12"汶川特大地震，2013年中央电视台电影频道带领12个导演摄制组深入雅安的芦山、宝兴、灵光镇、龙门乡等受灾严重地区，在探访慰问灾区的同时，拍摄了抗震救灾系列微电影系列纪录片《大爱如山：雅安地震中的故事》，希望通过系列影片悼念逝者，鼓舞生者。2014年中央电视台电影频道还出品了《追梦少年》成长系列公益微电影，旨在关注青少年健康成长，弘扬中国传统优秀文化，树立少年儿童成长榜样，发掘青少年潜质，培养青少年德、智、艺等综合能力，促进青少年全面发展。

公益自制剧是为维护公众利益、提高社会道德水平而摄制的具有情节的故事片，其主旨是为培养公众的社会责任心和增强公众为社会贡献力量的意识。其生动直观的表现形式易于被大众接受，能迅速有效地发挥良好的社会效益。可以说，网络自制剧实际上是电影和电视剧在新媒体时代的一种继承与发展。

（四）网络自制剧类

网络自制剧类节目包含网络综艺节目和主（专）题节目。

（1）网络综艺又称作新媒体综艺节目，是指只在网络平台播出的综艺节目。2016年腾讯视频上线的时尚类节目《拜托了衣橱》，接棒《拜托了冰箱》，探索了一条网络综艺输出正向价值观的创新之路。前者与中国青少年发展基金会旗下的知名公益品牌"爱心衣橱"携手，打通线上、线下资源，为山区的孩子们捐款、捐衣。后者携手公益组织"壹基金"打造了"分享冰箱"的献爱心计划。2019年4月至7月，由腾讯视频等联合推出的关注认知障碍公益节目《忘不了餐厅》，真实记录了患认知障碍的老人与明星、食客之间的互动，在关注老年人群、关注认知障碍的同时，提倡帮助老人走进人群、积极参加社会活动，培养积极心态延缓病情发展，是一档符合现实需要的综艺节目。另外，爱奇艺自制原创潮流经营体验节目《潮流合伙人》在比拼营业额为公益艺术基金贡献力量的同时，还在全国抗疫时刻为重疫区社区捐赠防护口罩，为疫情防控工作贡献一份力量。

（2）主（专）题节目也可能是以公益为话题展开的评论节目。比如，搜狐网自制网络综艺娱乐节目《大鹏嘚吧嘚》在第52期对2008年冯小刚用公益片做商业广告的新闻进行了时论分析。"得道"App的知识类脱口秀《罗辑思维》2015年第一季第九期的《慈善的善与恶》表达了主持人对公益行为的定义与理解。

（五）直播节目类

这类节目大致可分为公益直播与公益在线课堂（程）。

（1）近年来，互联网直播平台如雨后春笋般涌现，许多直播平台相继尝试将公益引入直播平台中。特别是伴随国家脱贫攻坚战的打响，各平台和一些有政府背景的公益机构、组织也在主动投身直播平台，相继开办"直播助农""助力乡村经济""县长直播"等直播带货节目，甚至为提高传播效果，在网红和明星"双名流"的带动下，直播助力公益的传播模式大有花开遍地之势。特别进入后抗疫期，"直播+公益"的模式更加普及化。

（2）直播在线课堂（程）是在互联网构建实时在线交互系统，利用网络在两个或多个地点的用户之间实时传送视频、声音和图像，课堂交流的多方可实时发表文字、语音对话等，真正发挥远程教育的作用。近年来随着全社会对教育公益的日渐关注，师资力量、教学内容等相对短缺的山村教育在公益课堂的摸索中逐渐受益。2018年5月光明网正式启动米乐小站"Hello，世界"北美课堂进山村活动，旨在改善山村教育资源匮乏、素质教育资源分布不均等问题，以"直播+公益"的创新方式，填补山村孩子教育资源软实力的空缺，为解决素质教育资源不足的问题提供新的思路。2019年9月中国青年报社、国务院国资委新闻中心、团中央青年志愿者行动指导中心联合推出了国内首个"强国"公益在线素质课程"强国课堂"。该课程第一季共30期，内容聚焦青少年人文素养和科技思维的培养，关注中华优秀传统文化在青少年中的传承、创新和发展。

（六）公益歌曲（MV）

公益歌曲（MV）一般指不以营利为目的，为社会公众利益和社会风尚服务，以提高公众福利待遇为目的而制作的歌曲。它明显具有社会的效益性、主题的现实性和表现的号召性三大特点。公益歌曲（MV）具有激励心灵的功能，承载着一定的社会责任感和人类不屈不挠的精神，不仅能提供感官享受还能真正地帮助公众。面临灾难时，好的公益歌曲可以给人带来某种精神支撑。近年来以视频形式出现的公益歌曲越来越多，大致有公益电影主题曲和定向制作的公益歌曲，其中包括原创歌曲和改编翻唱歌曲。

（1）公益电影主题曲有 2014 年为关爱流浪狗联合发声的微电影《降落》同名主题曲、2017 年主题为"尊老、爱老、乐老"的公益电影《我在你身边》的主题曲《一切如你》、2018 年献礼母亲节微电影《实习妈妈》的主题曲《陪伴》等。

（2）定向制作的 MV 通常是为公益活动或者为重大事件专门制作的歌曲。例如，2014 年陕西省福智慈善基金会发起的"美丽少年梦——关注留守儿童系列公益帮扶活动"主题曲《盼着有一天》，它被誉为中国首部电影版主题公益歌曲（MV）。2019 年 10 月，最高人民检察院、教育部、共青团中央组织策划制作的预防校园欺凌 MV——《青春需要温暖》。

三、按发布主体划分

按发布主体划分公益新媒体大致可分为专业媒体的网络平台、社会专门机构或组织、企业平台、自媒体四类。

（一）专业媒体的网络平台直接制作发布的公益视频

专业媒体大到国家电视台，小到地方的报纸杂志，均是公益报道的主要阵地。比如，中央广播电视总台主办的央视网、凤凰卫视控股的凤凰网、山东广播电视台主办的齐鲁网、湖南广播电视台旗下的芒果 TV、浙江卫视强力打造的浙江卫视蓝天下、广东广播电视台官方网站荔枝网、桂林电视台官方网站桂视网、浙报传媒的新媒体版块浙江在线等，均设有专门的公益频道或者公益版块。以南方报业为主构建的"南都公益全媒体"体系，就是传统专业媒体在推进公益事业过程中适应新媒体发展而融合转型的成功范例。

（二）社会专门机构或组织发布的公益视频

此类视频有联合国教科文组织、联合国儿童基金会、世界卫生组织、国际野生动物保护组织、世界自然基金会等组织发布的视频，大多是宣传广告类的，与发布者的专业定位和职能有关。另外，还有像红十字会、中华慈善总会、公益中国·慈善联盟、中国大学生公益联盟、中国扶贫基金会、中国妇女发展基金会、中华少年儿童慈善救助基金会、上海联劝公益基金会、壹基金等相对全面的专业组织发布的视频。

（三）企业平台发布制作的公益视频

此类视频一般分为两大类：一类是企业单位通过公益视频广告来宣传自己的社会公益形象，另一类是通过视频广告来组织、赞助、参与公益活动。企业平台最典型的就是互联网平台企业，比如新浪、网易、搜狐、腾讯、百度等门户网站旗下的视频网站，优酷、土豆、乐视、爱奇艺等专业视频网站，或者阿里巴巴等电商企业推出的自制视频节目。

（四）自媒体制作发布的公益视频

此类视频包括个人微博、企业微博、公众号平台中的视频等，优酷、爱奇艺等视频网站也存在大量播放量较高的自媒体公益广告视频。网民上传的在自媒体中获得较好传播的国外公益广告也属此类视频的一种。

四、按播出形式划分

按新媒体播出形式的不同大致分为录播视频、直播视频。

（一）录播视频

录播视频的优势在于：按照不同的投放市场可调节时间，内容相对完整，逻辑性强，摄影讲究构图、色彩、明暗等技巧，并且还可以后期剪辑，配图配文字进行背景介绍等。因此，它仍然是公益视频制作和传播的优质方式。

（二）直播视频

随着行业的高速发展，短视频与直播业务早已进入"你中有我、我中有你"的状态。一镜到底的直播优势在于：成本低廉、真实及时、方便快捷、交互性强，信息量直观集中，是一种特别适合碎片化传播时代的宣传手段，有利于公益理念纵深渗透于百姓生活当中。

2010年，诞生了依托微博快捷的传播机制和庞大的用户基础，全方位展现活动进程的直播平台微直播。凭借微博的巨大影响力及微直播本身的快捷性、现场性与互动性等特点极速发展。著名的微直播平台有新浪微直播、人民网微直播、腾讯微直播、搜狐微直播、海宁微博沙龙等官方媒体和自媒体平台。

社交直播类节目在网络平台直播中发展较早，国内从最早的秀场直播开始，至今已有游戏直播、明星直播、人人直播等，平台代表有脸书（Facebook）、YouTube、微博、斗鱼、映客、YY、花椒、一直播、酷狗直播、NOW直播、人人直播等。腾讯看点还推出了直播微信小程序。

短视频平台有娱乐类及短视频工具等。短视频平台的代表有奶糖、梨视频、快手、抖音、美拍、秒拍等。

五、按参赛（展）作品类型划分

近年来，从国家层面到行业领域在形象宣传、探索新路径方面都非常重视新媒体视频手段的运用，一批国家级、省部级、地区或校园级别的大赛和展演应运而生，也因此诞生了数量众多极富特色的优秀视频作品。以短视频、微电影形式等参加比赛或展演的作品，一般可分为三大类型：主旋律类、专业题材类、突发事件类。

（一）主旋律类

2017年，浙江省首届公益视频短片大赛要求必须紧扣"中国梦"主题，聚焦"四个全面"战略布局、"新发展理念"。2018年，浙江省第二届公益视频短片大赛主题则是"庆祝改革开放40周年"。2018年，中国青年公益视频大赛主题是"践悟新思想，共筑中国梦"。2019年，由中宣部主管的"学习强国"学习平台举办了庆祝中华人民共和国成立70周年《我爱我的祖国》微视频、摄影大奖赛等。2018年，第二届全国大学生公益微电影大赛以弘扬主旋律，提倡多样化，体现社会主义核心价值观和健康的审美情趣为主旨。2019年，第三届全国大学生公益微电影大赛主题是"影鉴中华"，内容广泛，旨在全方位展现新中国社会的安定团结、繁荣振奋的新面貌。

（二）专业题材类

这类视频一般是由专业部门主办的展演或者比赛作品。

比如，2015年由中国道路交通安全协会主办，以"关爱生命文明出行"为主题的"安全行·中国"首届公益微电影创作大赛，就是根据中央文明办和公安部联合开展的"文明交通行动计划"的有关要求，以宣传交通安全为目的专业类视频大赛；2018年由水利部联合各相关部门举办的"河长制"公益微电影·微视频大赛，就是响应和落实党中央生态治河的号召，为实现"金山银山就是绿水青山"的科学论断所做的舆论引导和成就展示；

第四章 公益新媒体视频的分类和案例分析

2019年全国第四届平安中国微电影·微视频·微动漫"三微"比赛以"唱响英雄赞歌,护卫人民平安"为主题,涌现出一批优秀的政法题材"三微作品",体现了政法文化建设的丰硕成果。

另外,像中国国际微电影展这类以专业艺术创作的形式关注公益、表现爱心的行业集会活动也涌现出大量的优秀公益微电影作品。在国际高级别的影展中也不乏公益类短片的身影,例如,旨在提升公众对于手语的正确认知的真人短片《沉默的孩子》获得了2018年的奥斯卡最佳真人短片奖,该片具有强烈的社会公益气质。

(三)突发事件类

突发事件一般具有以下三大共同特征:第一,事发突然、出人意料、难以把握的不确定性;第二,影响力强大,受到社会各方面的强烈关注;第三,具有相当的危害性。[1]

围绕热点突发事件的作品,一般比较偏向采取全媒体综合报道形式。比如,2014年浙江在线报道杭州"7·5"公交车纵火案事件过程中,在案发10日内,以名为"杭州'7·5'公交纵火案"的特别报道专题,累计刊发记者图文报道60余篇、24组视频报道、3篇重点评论。[2] 其中,相关视频不但敏锐抓住了该事件中杭州市民英勇救人的正能量典型,而且还积极引导百姓因突发事件关注的社会问题,报道公共交通安检升级,通过图解、专家介绍等方式解读公交逃生知识等。该系列报道获得了第二十五届中国新闻奖二等奖,体现了全媒体阵容强大的报道、把关和

---

[1] 卢小春:《如何报道社会热点问题与突发事件》,《活力》,2014年第7期,第122页。

[2] 杨俊霞、赵洁、童俊:《全媒体在社会性突发事件报道中的优势——以中国新闻奖获奖作品〈杭州7.5公交爆燃致30人受伤〉为例》,《传媒评论》,2016年第3期,第52页。

引导的力量。

2020年初，新冠肺炎疫情暴发后，自媒体、社交媒体等都极度活跃，同时，国家传播力量的大规模动用、集结也是非常显著的现象。

第三节 公益新媒体视频案例分析

一、国家精神和民族文化类视频作品

（一）定义、分类和发展历程

国家精神是主权国家所具有的民族信仰及对其之认同，标示国家内部团结、整合并具有凝聚力，体现了国家对其国民作为公民之权利及义务的自觉维护及其责任。主要包括以下几个方面：

（1）国家精神是关于民族的主体自我意识，其实质是民族认同，是国家内部诸民族及其社会实体面向作为政治共同体的国家的精神集聚及其建构，包含对国家形态、合法性、传统及其时代性的价值承诺，是对诸如国家统一、国土安全、国家正义、国家责任等底线存在要求的自觉意识，反映了国民对国家制度、法律、国家行动、社会秩序、政府管理、国家税务的认同与遵守，体现其对国家的民主法治及其现代化道路的自觉追求。

（2）国家精神是国家实力的象征，本身就是重要的文化软实力。国家实力也即社会生产力，是一定历史时代的精神生产力和物质生产力，是以往的和当代的社会进步的结果，也是民族社会进一步发展的起点和内部的动力，更高阶段的生产力是已有的物质生产力和精神生产力的继续和发展。精神生产力是建设国家、社会精神文明的主要力量，其中哲学、政治法律思想、道德、宗教、文学艺术和科学等精神产品的生产对精神文明的建设具有决

定的作用。① 国家精神通过相应的象征物、文化符号以及国家仪式表现出来，诸如国家的文化传统、图腾符号、国籍、语言、国都、国旗、国徽、国歌、国庆、国祭等，既是国家精神的载体，也是其表现方式，有其神圣性。

（3）国家精神并不为某些人群或职业所独有，而是全体国民共享的理念，是国民人格的自由自觉的精神，即爱国主义精神，从而成为国民的基本信条与操守。马克思把"国家精神"理解为人民精神，即人民理性、人民意识、人民意志、人民的呼声，认为这种精神无所不及，无处不在，无所不知。②

（4）国家精神既是现代境遇下国家间关系平衡与协调的基本资源，又是遏制极端主义、国家分裂的基本资源。国家精神的集聚、提振与培植，成为现代文明传统展开国民动员的常规模式，具有推进各民族国家发展进步的重要意义，改善和增益现代文明，促进人类新秩序的形成。

（5）在现代社会，国家精神必然体现为国家作为国际社会一员的权利、义务、责任与信念。显示并确证主权国家的主体性，同时必然会被要求同国际主义精神发生积极的关联。国家精神总是受到人类精神、公民精神及包括民族意识在内的诸多文化精神的制约，借以促使其保持在良性的秩序与方向上发展，并与现代文明相协调。

具体到某一个国家的国家精神或民族精神的建构，应保有一种根源于民族传统且适时转化的传统体系。现代中国精神不但源于中国几千年深厚的文化底蕴，更是与近两百年饱受外族掠夺蚕食、主权沦丧及频仍的战争带来的实际分裂的历史密不可分。这

---

① 李淮春：《马克思主义哲学全书》，中国人民大学出版社，1996年，第309页。

② 李淮春：《马克思主义哲学全书》，中国人民大学出版社，1996年，第530页。

就决定了坚持统一、主权领土完整，坚持国家、地区、民族和平共处、稳定团结的可持续的路线方针的重要性，并以此为本，在不同层面及不同程度上建构与中国国家精神相匹配的国家意识形态。现代中国是统一的多民族国家，国家精神的凝聚与建构是国家意识形态建设的核心，涵盖了民族精神、政党意识形态、社会主义核心价值观、公民意识、道德伦理观、法治观、宗教及民族思想等现代精神文化的建设。"中国精神"具有理想高远、紧贴实际、科学理性、人文关怀等鲜明特点，在新的时代条件下，我们尤其需要大力弘扬以具有国际视野和国际胸怀的爱国主义为核心的民族精神、以改革创新为核心的时代精神，坚持实事求是、以人为本、艰苦奋斗。

国家意识是奠定国家精神的基础，尽管历史阶段不同，内涵与表现有所不同，但中国心、祖国情永远是其主基调。在世界格局多极化，全球化趋势不断加深，国际交往日益频繁，国家间竞争日益复杂，全球信息化的当代大背景下，我国对外开放程度不断提高，社会思潮多元化倾向不断加剧，国家意识的价值和重要性也愈加凸显。概括起来，新时代国家意识应包括以下六个方面：坚强的国家主权意识、理性的爱国主义意识、坚定的民族团结意识、至上的国家利益意识、高涨的为国奋斗意识、全面的国家安全意识。

相对于以国家为建构主体的国家意识形态，以社会的不同阶级、阶层或社会群体为建构主体的一般社会意识形态，是国家精神生产力的核心组成部分。中国特色社会主义意识形态在信仰层面的人文关怀，富强、民主、文明、和谐以及自由、平等、公正、法治等价值观，代表了人们对美好生活的普遍追求，并且只有通过人的自由而全面的发展才能体现。党的十七大、十八大报告分别指出积极探索用社会主义核心价值体系引领社会思潮的有效途径，主动做好意识形态工作①，"加强和改进思想政治工作注重人文关怀和心理疏导"②。我国社会意识形态建设的当务之急，是要实现思维方式的提升，把"现实的个人"作为意识形态建设的出发点，关注人的现实生活，注重人文关怀，从而使意识形态建设服从并服务于以人民需要为首的整个社会发展。同时，我国社会主义意识形态建设决不能脱离民生建设，而应把解决思想问题与解决实际问题结合起来，在日常生活维度下增强社会主义意识形态话语权，即把意识形态的价值追求转化为可操作的方针，不断满足人民群众物质方面和精神方面的需求。

（二）重点案例分析

在众多带有中国国家精神气质的视频节目当中，为了保持与前文的分类一致，我们选取了包含以政府政治、民族文化两类视频为主要内容的案例作品作为本节讨论的重点。

1. 政府政治类视频

（1）从 2013 年全国"两会"前后开始，网络上越来越多地出现政治类视频。这些短片的特点是：多以 5 分钟左右的动画形式出现，简洁有趣、浅显易懂。当时就有互联网内容生产商的壹读传媒制作了名为《新鲜的中央政府》的短视频，讲述"两会"到底如何运转；搜狐也推出一档《小狐狸三分钟带你读懂两会》视频，以卡通动物记者形象讲述"两会"的来源、构成等小常识，还特别介绍了搜狐对报道"两会"的策划，让网友轻松了解

---

① 《用社会主义核心价值体系引领社会思潮》，《光明日报》，2008－07－29［2021－07－31］. https：//www. gmw. cn/01gmrb/2008－07/29/content＿812091. htm.
② 《在加强和改进思想政治工作中注重人文关怀和心理疏导》，《光明日报》，2008－01－02［2021－07－31］. https：//epaper. gmw. cn/gmrb/html/200801/02/nw. D110000gmrb＿20080102＿6－03. htm.

"两会"最新动态等。这些短视频和千龙网于2014年2月19日制作推出的《习近平主席的时间都去哪儿了？（图表）》，成为中国宣传政治体制及领袖形象的一种新方式。

在宣传工作创新方针的指引下，利用新媒体、新技术独有的表现形式宣传报道时政新闻，成为有别于传统新闻报道的亮点。在2014年的"两会"报道中，各大网络媒体竞争激烈，表现形式多样，并具有创新性。其中，对新浪网的表现形式评价是："'改革深深深几许'，借用诗词作品佳句，主题具诗韵。从策划重点来看，其主打原创和动画视频、短视频……"[①] 在新浪网的系列报道中推出了名叫《被关进笼子的欲望》的反腐动画视频，备受大众关注和热议。视频将简单的人物动画和手势动作相结合，对八项规定出台后政府的变化进行了阐释，比如限制公款吃喝、送礼等。在该视频的留言中，有的积极肯定官员的工作作风确实有转变，更亲民更务实了；有的夸奖视频形象易懂，有正面力量；当然，还有公款消费的数字触目惊心等相对情绪化的表达。该系列视频的阅读量也反映了视频选题合理、形式新颖、表达理性等创新点。网友留言充分体现出该报道形式有效的互动性和传播性。以至于有代表建言献策时还引用该视频作为开场，并且，央视的《两会同期声》栏目运用此短视频做了相关报道。[②] 新浪网新闻中心负责人也表示，此视频整合、融入了媒体报道中的事实和数据，旨在引发对制约权力的思考和讨论。

新浪网2014全国两会特别报道《改革深深深几许》，不但突出代表委员的视频和文字策划内容，同时还包含数据信息可视化

---

① 孟庆梅、申丽：《2014"两会"专题报道比较》，《网络传播》，2014年第4期，第38页。
② 王若涵：《两会报道何处去：新媒体问政颠覆力几何》，引用时间2021年7月20日，https://tech.sina.com.cn/i/2014-03-13/09489237596.shtml?utm_source=tuicool&utm_medium=referral.

第四章 公益新媒体视频的分类和案例分析

策略。比如,《常委这一年》栏目以地图数据视频的形式展现了习近平、李克强等七个常委这一年考察过的地区,彩色表格展现常委们的考察时间、地点和关注的议题,用文字形式整合了常委们关注的行业。在数据可视化方面,新浪两会专题的交互视觉系列策划,还推出了动态制图《小明的故事》第二季——《我要的不多》。以基层人群为切入点,传达公众心声,通过"请保护我的肺、胃、钱包、基本权益"等故事阐述环保、卫生、金融、社会信任等议题。最值得一提的是,它利用HTML5技术,加入图片定位等多媒体元素,使用户通过滑动鼠标就能完成浏览。

(2)中国网旗下栏目《视频中国》承载着中国网全网视频类资讯的播报任务。主要有以下子栏目:新闻类10个栏目、财经类8个栏目、娱乐类4个栏目、体育类7个栏目、文化类5个栏目、旅游类10个栏目。经过多年发展,《视频中国》已经在政府网站视频业务领域占据翘楚地位,同该网《中国国情·中国关键词》栏目一道为中国网奠定了媒介智库形象。其丰富的视频资源为国内外众多研究机构、政府宣传部门以及驻外使领馆工作提供了重要参考。

《中国关键词》分为"中国梦""全面深化改革""政治建设""中国特色社会主义""国际形势和外交战略"五大版块。该栏目的分类话题有"中国精神""美丽中国""亚洲基础设施投资银行""中欧班列""21世纪海上丝绸之路""改革开放"等。这个部分的内容站在宏观的角度,对中国政治、经济、对外关系等政策进行了解读。

在以上列举的视频当中,笔者以《亚洲基础设施投资银行》《中欧班列》《21世纪海上丝绸之路》三个视频为例,分析国家机关媒体制作视频的特色。这些视频具有以下共同特点:主题与内容表达契合度高,音频与视频素材搭配得当,均用英语语音播报,画面连贯流畅,结构紧凑,逻辑严密,识别度高。

①亚洲基础设施投资银行（AIIB，简称亚投行）是一个政府间性质的亚洲区域多边开发机构。亚投行重点支持基础设施建设，成立宗旨是促进亚洲区域的建设互联互通化和经济一体化的进程，并且加强中国与其他亚洲国家和地区之间的合作，是首个由中国倡议设立的多边金融机构。《中国关键词》里的这条视频内容汇总了已发生过的事件的图片和视频，梳理了事件发生的时间节点。"截至2018年12月19日，共有93个成员，总成员数仅次于世界银行，涵盖了西方七国集团中的5个、二十国集团中的16个和联合国安理会常任理事国中的4个"，用准确的数据表明了亚投行的重要地位与作用。该视频可帮助我们理解排在亚投行主要职能第一位——推动区域内发展领域的公共和私营资本投资，尤其是帮助大家理解基础设施和其他生产性领域的发展这一理念的真实含义，并与"人类命运共同体"和"一带一路"等倡议形成了呼应。

②《中欧班列》采用新闻图片与视频相结合的方式，加上主播式的英语画外音讲解，用切实详尽的数据证明中欧班列不只是一条条开放的线段，而是一张具有吸纳全球资金、资源、技术、人才等产业要素，发挥全球产业衔接功能的开放性网络。中欧班列已建成或连接"近60条线路，累计开行已突破9000列，运送货物近80万标箱，国内开行城市48个，到达欧洲14个国家42个城市，运输网络覆盖亚欧大陆主要区域"，这些让人信服的数据充分说明作为"铁轨上的'一带一路'"，中欧班列架起了中国与欧洲、世界联系的桥梁，推进了中国与沿线国家的互联互通，不仅发挥着货物运输通道的功能，而且将承担更多的使命。

③在"一带一路"概念的推动下，海上丝绸之路开始进入大众视野。东南亚地区曾经是海上丝绸之路的重要枢纽和组成部分。《21世纪海上丝绸之路》视频中展示了在中国与东盟建立战略伙伴关系10周年之际，为了进一步加强双方的海上合作，发

第四章 公益新媒体视频的分类和案例分析

展双方的海洋合作伙伴关系，构建更加紧密的命运共同体，习近平主席在印度尼西亚国会发表演讲时的片段。视频最开始着眼于历史形成的足迹，辅之以地图、海港集装箱图片及领导人出访的盛况视频等，逐一介绍21世纪海上丝绸之路的战略合作伙伴形成的路径。视频明确指出这条路线以点带线、以线带面，串起联通东盟、南亚、西亚、北非、欧洲等各大经济板块的市场链，发展面向南海、太平洋和印度洋的战略合作经济带。视频深刻地表现出该项目是促使全球化纵深发展的强劲推动力。

（3）宣讲家网利用北京市委讲师团的独有资源，邀请各个领域的权威专家，向网民们随时"直播"对党的科学理论与重大方针政策的宣讲解读。该网站汇集的视频报告达1.5万余部，主要包括要闻、评论、专题、访谈等九个频道，内容涉及经济、政治、文化、社会、生态、党建、科技、外交、军事、教育、法律以及核心价值体系学习教育等方面，并创新设置了多个特色栏目，以全面、实用、新颖的形式展示着"视频智库"的独特魅力。

①在其专题频道里设有《专题·理论动漫》栏目。该栏目的《追梦的人》《中国"质"造》《树立法律威严 稳固法治社会》《爱国 从身边小事做起》《富强创建美好生活》《民主缔造模范社区》等视频都利用简单易懂的动画形象与亲切柔和、准确晓畅的声音，生动地描绘了主人公的故事，用以小见大的方式来阐述国家大政方针如何落实于具体的行业、社区、军队、个人选择等。例如，《中国"质"造》就通过主人公职业道路的改变讲述了中国通信产业由曾经的抄袭翻版发展到自主创新的过程，展现了这一领域中个人和集体面对自身不足，积极主动努力寻求改变的智慧和风貌。该版块的视频都着力于用百姓身边实际发生的事告诉我们：每个人的前途命运都与国家和民族的前途命运紧密相连，国家好、民族好，大家才会好；实现中华民族伟大复兴是

一项光荣而艰巨的事业，需要一代又一代中国人共同为之努力。

②该频道还设置了《专题·重大事件专题·100部视频和100部音频展播》，该栏目的每条视频都是老百姓讲述的鲜活故事，内容涉及各行各业，讲述者不分年龄性别，优秀作品有《今天我休息》《建立图书馆将爱传递下去》《他把互联网菜篮子送到居民手中》《辉煌四十年　崛起新大兴》《四百二十五公里》《书香滋补精气神》《改革开放40周年》《诗歌遇上元素表》等。视频大多以纪实的方式拍摄，内容广泛，包括民族精神、改革开放、法治建设、城市建设、社区服务、职业创新、对外交流、公益阅读、留守儿童等。视频的内容设置与讲述方式让人充分地感受到该栏目的用心。视频展现了一幅幅在和谐理念下生命成长的图画，体现出个体参与国家建设的热忱与激情。与其他的政策解释内容不同的是，该系列着眼于微观世界个人的经历，自下而上地印证了宏观设计达成的愿景，深情而又朴实地传达出一个简单的道理：勤劳善良、踏实奋进、和平友爱的人民是社会稳定发展的基石，稳定统一、富强民主的国家才是各族人民团结共进的坚强靠山。

③2019年央视网、人民网、宣讲家网等都推出了"弘扬社会主义核心价值观　共筑中国梦"全国原创网络视听优秀节目展播。此栏目的开栏语特别提到在新时代背景下"推动网络视听行业守正创新，推出更多底蕴深厚、涵育人心的作品"的栏目设置宗旨。基于此，该展播分别设置了两大类作品集：剧情类和非剧情类的纪录片。这些作品都以现实主义电影的拍摄手法，讲述历史上以某些事件为背景的故事。其中不乏扩展至大电影规模的作品，比如剧情类的《大地震》《阿浪的远方》等，还有像《生活，这40年》一类的剧情系列剧。同时还包括非剧情类系列剧《做客中国》《你的样子》等。其中，动画短片《云端上的幸福》借

鉴了优秀动画片特色，视角新颖。整组作品拍摄手法成熟、结构完整、主体清晰，例如《大地震》《云端上的幸福》等编谱的主题曲与背景音乐，有效地烘托了气氛、渲染了情绪，深情地讴歌了中国共产党干部在任务、困难、灾难面前，发挥敢于创新、勇于担当、不惧牺牲的模范带头作用；深刻地反映了新时代背景下的科研工作者、民族乡村地区干部、医务工作者、教育工作者、军人等在习近平总书记的"全面建成小康社会一个也不能少的"指示下，群策群力，聚集智慧，共同进步的决心。

（4）我国政府是人民意志的执行者和人民利益的捍卫者，并全心全意为人民服务、对人民负责。近些年来，我国在多次海外撤侨事件和海外救援中的表现突显了国家责任感和国际人道主义精神，在维护国家与人民利益以及对外关系处理等问题上做出一次次惊人的创举。

2016年中国第三届医院微电影节获奖作品《废墟下的襁褓》，讲述了2015年在尼泊尔大地震中中国医疗救援队积极施援的故事。该视频由四川省人民医院选送，根据该医院医药师熊军跟随中国医疗队驰援尼泊尔抗震救助受灾群众的真实故事改编。视频采用后期拍摄与地震现场视频组合的模式，如实细致地讲述了主人公如何在余震不断、资源匮乏的高海拔地区，冒着生命危险，与国际团队协力合作抢救受伤的尼泊尔孕妇的故事。该视频反映了该医院药学部在第一次参与国际救援中不遗余力、不畏艰难，充分发扬人道主义大爱的救援过程。

首先，2015年4月28日《新京报》新媒体发布了一条有关尼泊尔地震的新闻兼救援梳理影像资料——《成立14年！盘点中国国际救援队历次海外救援》。该视频首先以新闻报道形式报道了在尼泊尔重大地震中中国国际救援队于4月26日赴尼泊尔地震灾区实施国际人道主义救援，并于当天下午5时许，在加德满都西北部成功救出一名20多岁的男性幸存者。其次，在之后的篇幅中梳理了中国国际救援队从 2001 年建立后参与的历次国际救援活动，截至发稿时中国国际救援队共 10 次 12 批次赴境外实施国际人道主义救援，足迹遍布世界多个国家和地区。

观察者网于 2019 年 10 月 29 日视频新闻报道：据叙利亚官方媒体 10 月 28 日报道，中国近日又向叙利亚捐赠了 1152 吨大米和海关设备，有效缓解了叙利亚秋收后贫穷人口粮食匮乏的问题。视频内容是该批搭载人道主义物资的货船在 28 日抵达西班牙，随后将前往叙利亚拉塔基亚省的塔尔图斯港。叙利亚官方表示，这些大米打破了美国和其他西方国家对其施加的经济封锁，将会缓解秋收后贫穷家庭粮食匮乏的问题。该视频还加播文字信息转载新华社 10 月 25 日报道说，中国常驻联合国代表张军已呼吁加大对叙利亚全境的人道援助，解除对叙利亚的经济制裁，推进难民和流离失所者重返家园。

以上视频从各方面展示了我国参与灾难救援，共创和平的理念。国际救援是展示中国国家形象的平台，借助这个平台，不仅可以充分地展示我国在经历 40 余年改革开放后形成的综合国力，还能表达中国积极建设和谐世界的愿景。而且，在积极参与国际事务，切实开展国际合作的过程中，救援外交作为一种特殊的公共外交手段，已经成为中国以及其他一些国家外交领域的重要内容。中国以日益开放、成熟的姿态在全球一体化的大背景下积极参与国际事务，扮演着日益重要的角色。

我国拥有长期对外援助的历史和光荣传统。从 20 世纪 60 年代的"南南合作"项目开始，中国一直帮助亚非拉发展中国家增强自主发展能力，切实改善民生，促进受援国经济发展和社会进步。我国对外援助主要集中在工农业生产、基础设施和公共设施建设、文教卫生、民生服务等领域，尽量满足受援国家和地区的经济和社会发展的需求。援助方式主要包括成套项目建设、提供一般物资、技术合作、人力资源开发合作、援外医疗队、紧急人道主义援助、援外志愿者等。中国对外援助是发展中国家之间的相互帮助,遵循平等互利、不附带任何政治条件的原则。

人民网为庆祝新中国成立70周年推出大型全媒体系列报道《70年70问》,并于2019年11月20日发布了《中国坚持对外援助为什么不是"穷大方"?》的视频,以影像方式梳理了中国历史上对外援助的典型事迹,用《新时代中国与世界白皮书》的内容和习近平主席在2018年中非合作论坛北京峰会上题为《携手共命运同心促发展》的发言视频,表明我国对外援助的态度和宗旨。加之,塞内加尔、埃塞俄比亚等国家项目负责人的采访视频和中国驻南非前大使刘贵今的总结等,清晰地表明对外援助实际是互利互惠的事业。另外,更加详细的内容还出现于2013年7月25日的新浪网上大讲堂,其播出了题为《中国对外援助的历史与未来》的对谈视频节目。这期节目邀请了曾任援索马里医疗队翻译的周洪立先生与商务部对外援助司卢峰做客新浪网,以"主持人+嘉宾"的模式给广大网友上了一堂关于中国对外援助工作的课程。两位嘉宾分别介绍了我国对外援助事业的背景、特点和成果,分享了自己的援外经历与感受,并对中国援外是否有意义及今后该如何调整援外思路充分发表了自己的见解。

(5)在完善的国家治理体系中法治建设和精神文明建设同样非常重要,前者是中国特色社会主义理论体系的重要组成部分,后者是满足人民不断提高的精神文化需求的根本途径。

党的十八大以来,针对法治建设的薄弱环节和实际问题,习近平总书记提出,要着力推进科学立法、严格执法、公正司法、全民守法,明确了全面推进依法治国的重点任务。根据党的十九大精神,国家要推进科学立法、民主立法、依法立法,坚持以良法促进发展,保障善治;立足法治政府建设要求,进一步推进依法行政,严格规范公正文明执法;打造共建共治共享的社会治理格局,提高社会治理的社会化、法治化、智能化、专业化水平;

加大全民普法力度，建设社会主义法治文化；等等。在新形势下，反映这种变化的法治建设宣传方面的新媒体视频节目和作品也层出不穷。2016年3月16日《慈善法》通过审议，自2016年9月1日起施行。这意味着，中华民族乐善好施、守望相助的优良传统将在法律的规范与保障下继续发扬光大。之后，与《慈善法》相关的内容频繁地登上各大媒体的新闻报道或专题节目。

①对于《慈善法》到底规定了什么样的权利和义务，许多专业机构或自媒体都争相报道。

2016年3月10日，求是网的《求是访谈·两会特别报道》栏目推出了《我国的慈善事业和〈慈善法〉》的视频节目。节目邀请了中国公益慈善研究院院长王振耀，讲述了我国的慈善事业发展和《慈善法》出台的过程。王振耀特别强调，《慈善法》出台是我国慈善事业长足进步的难得机遇，肯定了慈善事业本质是服务产业，是促进我国公共道德、公共秩序成熟进步的规范化手段，对公共精神的建设具有不可估量的作用。并且，还可能会带来社会结构的良性运转，让社会基层生活充满活力，保证其可持续发展。同时，也指出我国慈善事业的专业化、精细化程度不高，若干指标与国外尚有一定的差距。最后，还特别寄望立法界借鉴本次《慈善法》出台的高效率，继续产生诸如儿童、残疾人等更多关照特殊人群领域的法律。

2016年9月2日腾讯视频的《慈善法政策要点解读》的动画视频，用画外音的形式解释了《慈善法》中规定的"慈善"概念涵盖范畴扩大，全方面地定位了公益的所有领域，加入方式与渠道增多，手续更加简化，公益组织享有公募权的条件和优惠政策等内容。当然，对于触犯该法规定的义务与责任，相应的惩罚也是不可逃避的，特别指出"诺而不捐"等属于违法行为。

另外，2017年1月至5月上海市慈善基金会主办的"蓝天下的至爱"慈善活动连续录制了4期《慈善大家谈》节目。在1

月16日的《〈慈善法〉专题》中，节目不但采用了"主持人+专家嘉宾"模式，还使用了手语屏，显示出公益新闻的专业度有所提高。专家嘉宾包括律师、社会学专家、慈善专业人士，主要讨论了《慈善法》出台的意义和可能产生的影响。特别分析了"慈善"的重新定义及存在广义和狭义的两种理解，认为"大慈善"理念包含科教文卫体、社会福利、社会保障、环境保护等方面的内容，与国家经济与精神文化发展息息相关。我国慈善事业属于国家顶层设计的一部分，是我国"全面建设小康社会"的国家目标构架内的重要内容。节目还预测，之后会有大批慈善机构出现，意味着现代慈善理念的成熟，有利于推进我国慈善事业的相关法律细则进一步完善。

②利用已成熟法律来解释实际出现的问题是司法解释的根本目的。

2016年11月底，为了救助女儿，深圳某报社记者罗某通过深圳某公司发表网络文章并公开募捐打赏款的行为在网络上引起热议，2016年12月12日的法制网视频节目《法制短平快》就这一事件连线中国政法大学传播法研究中心副主任朱巍，对该事件进行了现行法律范围内的讨论。该视频显示，此公司行为在捐赠与公募之间，专家态度偏向后者，并认为该行为本身已经超出《慈善法》规定的个人求助的方式，按照该法规定公开募捐需要通过具有公益资质的第三方机构展开。并且，罗某的文章没有完全反映事实，该公司涉嫌炒作、捏造，实际构成了网络诈骗行为，违反《中华人民共和国刑法》相关规定，需要对其微信公众号等进行严查。视频最后表达了媒体观点，认为在大力弘扬公益精神的当下，利用网络的快速传播效力消费、娱乐大众的善良与爱心，最终受害的是那些真正需要帮助的人，希望在谴责的同时加大监管力度，尽快介入调查，查明真相，还公众一个说法。

③2017年6月，第十二届全国人民代表大会常委会第二十

八次会议表决通过了关于修改民事诉讼法和行政诉讼法的决定，检察机关提起公益诉讼制度被明确写入这两部法律。这标志着我国以立法形式正式确立了检察机关提起公益诉讼制度。公益诉讼保护的是社会公共利益和国家利益，对于损害公共利益行为的诉讼，公益诉讼是正规的法律救济渠道，并且是一柄必不可少的公共利益"保护伞"。

作为宣传的一环，2018年全国"两会"期间，由最高人民检察院影视中心指导拍摄，以太原市万柏林区检察院为原型的全国首部公益诉讼题材微电影《起飞》在国家级主流媒体播出。该片主要讲述了太原市万柏林检察院民事行政科检查科长欧冠英带领检察官们，运用航拍机新技术实地取证企业污染情况，被企业阻拦并与其周旋直到在法庭上公开提起公益诉讼的故事。随后，一批公益诉讼题材微电影不断涌现，比如，《使命》《芒种》《老树》《公战》《守望绿水青山》《在路上》《奔跑》等。除了采用微电影这种形式，还有许多地方政府、地方检察院和自媒体也出品了当地的公益诉讼宣传视频，录制了相应的公益诉讼制度普法宣传节目等，譬如，2018年11月浙江省乐清市人民法院《环境公益诉讼　我们在行动》的《以案释法》节目，2019年4月2日四川省泸州市龙马潭检察院制作的公益诉讼演讲视频《公益诉讼　我们在行动》，2019年11月19日广西柳州市人民检察院宣传片《在行动》，等等。另外，2018年12月28日青岛网络广播电视台《爱青岛》的点播节目《今日会客厅》播出的就是公益诉讼专题的对话内容。此节目采用插入动画视频解说的方式，向大家表明了作为国家第一批公益诉讼试点城市的青岛，截至节目播出时实际开展公益诉讼已有三个年头。节目使用了大量的案例向观众解释了公益诉讼的三大范畴，公益诉讼主要体现在生态环境和资源保护、食品药品安全、国有资产保护、国有土地使用权等领域，公益诉讼案件的类型包括诉前程序案件和提起诉讼案件两类等内容。

中国的公益诉讼制度从摸着石过河到渐次推进,直至全面铺开,检察机关在保护国家和社会公共利益方面,正发挥着越来越重要的作用,这条具有中国特色的公益司法保护道路将越走越宽广。

2. 民族文化类视频

中华优秀传统文化绵延五千年而历久弥新,在创造性转化、创新性发展中不断焕发出新的活力。它以文化遗产的形式凝聚于具有历史、艺术和科学价值的文物里,如古遗址、古墓葬、古建筑、石窟寺、石刻、壁画、近现代重要史迹及代表性建筑等;历史上各时代的重要实物,如艺术品、文献、手稿、图书资料等;还有与群众生活密切相关、世代相承的传统文化表现形式,如传统表演艺术、民俗活动和礼仪与节庆、有关自然界和宇宙的民间传统知识和实践、传统手工艺技能等。这些民族智慧的结晶、人类文明的瑰宝蕴含着中华民族特有的精神价值、思维方式和想象力,体现着中华民族的生命力和创造力。文化遗产的不可再生性造成了构成文化基因图谱资源的稀缺性,不少古老的遗产濒临消失。全面保护文化遗产、传承民族文化,是联结民族情感纽带、增进民族团结和维护国家统一及社会稳定的重要文化基础,也是维护世界文化多样性和创造性以促进人类共同发展的前提。国务院下发《关于加强文化遗产保护工作的通知》(以下简称《通知》),决定自2016年起每年六月的第二个星期六为我国的"文化遗产日",凸显了国家对文化遗产保护的重视,对于增强全社会共同参与文化遗产的保护的主动性和自觉性具有重要意义。

(1) 考古直播视频。

鉴于传承与弘扬中华优秀文化遗产的迫切性,中国社会科学院考古研究所于2008年10月成立公共考古中心,为推进中国的公共考古事业进一步发展开展了各种公共考古活动,向社会公众宣传考古成果、普及考古知识。《中华人民共和国文物保护法》明确规定，埋藏于地下和保存于地面的各类考古资源属于公共资源，考古项目过程中的任何发现都属于公共资产。普及"公共考古"的理念有利于整个社会的物质文明和精神文明建设同步均衡发展，促成和谐社会目标的逐步实现。因此，"公共考古"的兴起是现代文明的重要成就。

2017年6月10日，央视网的新闻频道原创高清视频栏目版块，推出了时长90分钟的直播节目《文化遗产日：探秘圆明园如园发掘现场》。这是继2015年西洋楼遗址区养雀笼考古现场、2016年远瀛观考古现场开放之后，圆明园第三处公共考古开放的重点。本次直播也是继2016年8月17日远瀛观遗址公共考古直播后央视网再一次尝试网络直播。在汲取首次直播的经验后，圆明园遗址公园再次携手央视网并邀请北京市文物研究所圆明园课题组组长张中华进行现场讲解。以张中华组长交流讲解、网络直播、模拟考古等多种方式让公众"围观"圆明园的长春园五园中规模最大的如园遗址的考古工作，利用新媒体宣传的方式拉近文博爱好者与文物发掘现场的距离，有助于大众深切直观地体会中国文化的深厚内涵，理解考古工作的艰辛与不易。作为圆明园遗址考古工作负责人，张中华不仅肩负为参观者进行讲解、科普的责任，还要指挥现场的挖掘工作。在他的带领下，大家看到挖掘出土的台阶、甬道，看到被精心清理干净的柱础、假山、金砖等，隐约窥见昔日皇家园林的气韵。张中华组长还给网友仔细详尽地描述了清朝皇家宫殿的制砖法、铺砖工艺、造园意趣，还有亭台水榭命名的背景故事等，一路走来知无不言、言无不尽。以现场挖掘的方式向大众展示重大考古发现——嘉庆御笔石刻、皇帝印章石刻，在圆明园考古史上尚属首次。在整个直播过程中，他不断指出这些在地下沉睡了一个多世纪的文物，如崩裂成两截的陛板石、地砖上裸露的暗红色，都代表圆明园曾被烧过的惨烈

第四章　公益新媒体视频的分类和案例分析

历史。这些残垣断壁给人带来强烈震撼，是最好的爱国主义教育素材。从视频中观众可以了解到这类公共考古项目在我国还将长期广泛地推进。

结合新媒体制作推广考古学的节目方式也向大众表明，与人们共同分享考古学最新成果，也即分享稀有的公共知识资源，才能使人们在享受先人的文化创造基础上，树立尊重、感恩、敬畏、传承的意识，才能让历史遗产变成现代文明发展的基石，确保民族传统文化与现代文化的有机交融，在瞬息万变的现实中不迷失自我。

（2）历史工作者传记视频。

近年来，文物保护单位、研究机构及博物馆等纷纷推出让历史走进大众，让大众靠近历史的项目，展现了文化界一大批现代知识分子的民主理念和强烈的文化担当意识，也更好地发挥相关单位展示文物保护成果的社会服务功能，为中国现代文明建设做出了特殊的贡献。从2016年开始，纪录节目《我在故宫修文物》《国家宝藏》《上新了·故宫》等接连播出，故宫也成了"网红"，其文创产品也随之声誉高涨。故宫的走红除了自身国家级博物馆的地位，有效利用新技术改革博物馆宣传展览方式的前院长单霁翔更是功不可没。这位拥有专业担当的院长因紧跟时代潮流，积极有效地使用现代化媒介技术，而被媒体追捧。

①新媒体影视内容出品及发行平台——北京新片场传媒股份有限公司于2018年7月17日发布了公益人物形象宣传片《故宫论坛之故宫博物院单院长篇》。这部约3分半钟的视频让我们深入了解到故宫人为更好地保护历史文物所做的努力与坚守、付出与创新。该片影像与解说词的匹配度高、剪辑层次分明，用讲故事的手法描绘了故宫博物院前院长单霁翔——故宫"看门人"形象。这部视频历数了在他的带领下，古老的宫宇展现出的新貌：故宫1863690件藏品完成数字化影像登记造册；开放区域逐年扩

大，从2014年的30%扩大到2017年的76%；仅2017年一年就举办了19场主题展览；故宫博物院的官方社交媒体"微故宫"不断讲述着故宫的古物新事；故宫的文创产品也十分受欢迎。视频表现出单霁翔的人格魅力，这种魅力感染着身边人，使昔日的皇家宫殿再次走进大众视野，使其成为传播中华文化自信的平台。

②2020年1月29日B站科技区趣味科普人文栏目的视频节目《让故宫学会卖萌的看门人，你认识么？》也倾力介绍了单霁翔院长。由于B站用户定位相对年轻化，该视频解说轻快，亲切地称呼单霁翔为"老头儿"，从2011年故宫爆出国宝损坏丑闻开始，讲述了单霁翔"临危受命"。视频里的单院长更像一位老北京的遛鸟人：脚上穿着布鞋，手里提溜着布袋子，每天沿着故宫的红墙走上一圈。其实，这是单院长每日工作的必选项目，他要清楚地知道自己工作范围里的每件事，生动地反映了这位倔强老头坚守故宫的决心。在他的领导下，2013年故宫宣布全面禁烟。2015年游客数量大增，在不提高票价的前提下只能全面限流。该片还特别讲述"故宫跑"的来历及单院长的解决办法等故事。故宫文创产品一度引起了"萌"画风，给传统文化宣传注入了新生命。截至2018年完成所有藏品的数字化管理，故宫博物院成为全球最强大的数字博物馆。"单老头"抓住了时代传播的趋势，大胆"触网"，点起了故宫之"火"，将传统文化元素植入流行文化载体中，与普通人的互动，让传统文化变得时髦、真实起来。把一个完整的紫禁城交给下一个600年是单院长退休前对故宫存世即将迎来600周年的美好愿望。

（3）匠人风视频。

自2005年《通知》颁布后，我国的非物质文化遗产保护事业迅速兴起，各地出现申报非物质文化遗产保护项目的热潮。2011年6月1日，《中华人民共和国非物质文化遗产法》正式施

第四章 公益新媒体视频的分类和案例分析

行，从而为非物质文化遗产的立法保护奠定了制度保障。作为文化遗产重要保护对象的非物质文化遗产，不仅与物质文化遗产具有同等重要的社会地位，在某种程度上更是物质文化遗产得以产生的依托。近年来，我国非物质文化遗产保护工作稳步推进、有序发展，取得了阶段性的成果。国家的非物质文化遗产四级保护名录体系已基本建立、完善，针对代表性传承人的普查与保护也取得了新的进展，非物质文化遗产产业园与生态文化保护区也初步形成。在新的历史条件下非物质文化遗产得到了有效保护、传承和发展，取得的这些成绩，与各类媒体对非物质文化遗产的保护、传播、推广密不可分，特别是近些年，基于由非物质文化遗产传承人的宣传演变而来的"匠人风"纪录片的制作推出。然而，这个过程却充满了极其有趣的转变。

①随着电视纪录节目《我在故宫修文物》的走红，一批以"匠人"为主题的视频纪录片开始呈井喷式出现。例如2016年，探寻亚洲各地手工艺人的《了不起的匠人》，以中医药传承人为主角的《本草中国》；2017年，讲述景德镇瓷器制作人的《手造中国》，从北到南寻找199名手艺人的《寻找手艺》，明星向非物质文化遗产传承人拜师学艺的《百心百匠》；2018年，讲述不同细分领域的中国木工手艺的《中国手作》；2019年，云南首个非物质文化遗产匠人系列纪录片《筑梦匠心：香格里拉非遗匠人》等。2016年1月，匠人纪录片《我在故宫修文物》在CCTV-9首播时并未取得太大反响，同年2月登陆B站后则迅速走红达到300万的播放量，总弹幕数高达7万余条；央视综艺曾一度炙手可热的国家文物节目《国家宝藏》也特地在B站开设官方账号，第一期节目上线不到一周就取得108万播放量、12万的弹幕数。目前，《寻找手艺》《手造中国》《大国工匠》《指尖上的传承》等众多匠人纪录片已经成为B站纪录片的重要分支。此外，由优酷网站独播的《了不起的匠人》不仅播放量破亿，更是反向

输入电视台。现今，匠人纪录片的主打观众是活跃在网络上的年轻人，网络已经成为匠人纪录片的主要播放阵地。通过网络，匠人纪录片正在以将匠人精神和传统技艺相结合的方式，打造出一种更加吸引年轻人的生活方式。

②有媒体称匠人纪录片对传统技艺的精致展现，也激起了不少人的购买欲，但是，非物质文化遗产在大众流行文化方面的传播方式主要凭借影视作品，素来门槛高、成本大，无法覆盖绝大多数非物质文化遗产项目。为培养年轻一代对非物质文化遗产的了解，帮助发掘非物质文化遗产的文化和市场价值，2019年4月16日，抖音宣布推出的"非遗合伙人"计划，切实可行地打造了非物质文化遗产开放平台，以开展城市合作等方式，通过加强流量扶持，提高了短视频变现能力，这无疑给处于生命脆弱之际的非物质文化遗产带来了新的发展机遇。截至2019年4月，在1372项国家级非物质文化遗产代表项目中，有1214项在抖音上都有相关内容传播，覆盖率高达88.4%。从某种意义上来说，抖音已经成为非物质文化遗产传播的视频版百科全书。①

2008年，泸州油纸伞成为国家级非物质文化遗产保护对象，但这并没能改变油纸伞远离大众的窘境。泸州油纸伞完整工序有96道，如今全国却只有不到十个人具有整伞制作能力。现定居杭州的余万伦是泸州油纸伞的传承人，其师父毕六福是国家级非物质文化遗产代表性传承人。自2018年11月开始，余万伦开设了"油纸伞大师"的抖音号，陆续发布了超过五十条关于油纸伞制作的抖音视频，其中有的视频播放量高达百万。2019年第一季度来自抖音的订单，直接让余万伦的油纸伞销量翻了一番。余万伦表示和很多传统非物质文化遗产项目一样，油纸伞制作当下

---

① 侯佳：《抖音招募50名"非遗合伙人"让传承人享信息红利》，《重庆商报》，2019年4月17日，第10版。

第四章 公益新媒体视频的分类和案例分析

还面临传承难等问题。中国纪录片网 2015 年第一批推荐优秀国产纪录片展播栏目里有一部专门介绍余万伦师父毕六福的纪录片——《伞王》。彼时，电商经济还未渗透到乡村手工艺，该片用纪录故事片的形式再现了一位身在川西南乡镇从事传统手工艺的匠人如何坚持油纸伞古法制作的故事。镜头运用多组自然风光，加入了鸡鸣效果等音频的声画蒙太奇组合，表现出作为民族集体智慧结晶的非物质文化遗产项目普遍具有的乡土性、民族性。片中特别强调了"伞帮祭祖"这个仪式性的节点，表达出在高速发展的时代伞工们将汇聚于自身的技艺"活化"的使命感：几近被遗弃的传统手工艺如何在老匠人们手里重现生机，他们又是如何记忆和守护着组成华夏文明的星点血脉。然而，这一过程却是困难重重：后人不支持、邻人不理解，传统与现代隔着一条经济上难以为继的鸿沟，让守护非物质文化遗产文化的执着老人有苦说不出。毕六福的儿子小毕一直致力于建立电商经济平台，宣传销售祖传油纸伞。该片与后来的"非遗合伙人"计划的泸州油纸伞系列短视频交相辉映，体现出传统手工艺的保存与创新之间有机结合的重要性。另外，毕六福的徒弟余万伦在杭州开店，多次在短视频中介绍自己在新开发的产品中加入了创新元素，以丰富油纸伞的产品类型，提高油纸伞的竞争力，尽其所能在旧与新之间找到一条延续古法制伞之路。他们用这种方式守护着中华传统文化。

（4）中国传统文化脱口秀节目。

在有着五千年传统文化的国度，戏曲的传承和演变也有许多故事可讲。2020 年 3 月 27 日，由京剧名家王珮瑜担任主讲人的首档京剧脱口秀《瑜你台上见》在爱奇艺播出。在节目中，王珮瑜娓娓道来京剧的历史、故事、流派、表演等。这是一档属于京剧的综艺节目，能让更多的人看到京剧、感知京剧，实现了中国京剧人的夙愿。在当代传播京剧，需要打破各种壁垒，让年轻人重新认识京剧，愿意亲近京剧，故而，这档节目以"脱口秀＋表演"的形式呈现。由于疫情的影响，此节目采取"云录制"制作完成。每一期节目王珮瑜都适时地加入了表演，有时是一段清唱，有时是上妆彩唱。茶余饭后的梨园掌故、戏里戏外的人情冷暖，京剧里的一切，都在节目中尽情呈现。比如在第六期节目里，主持人在介绍京剧唱、念、做、打的平时工夫时，借用热播网络剧《鬓边不是海棠红》生动地展示了京剧人的艰苦与不易。

从参与《奇葩说》等节目开始，近年来王珮瑜为拓展传统艺术在年轻观众中的普及度，频频露脸文化综艺节目。她认为京剧本就是从大众中来的，人们喜爱京剧也是因戏文、声调、故事能够娱人娱情，以综艺的"娱乐性"对接百姓戏曲的京剧，恰恰是对传统的回归。综艺与网剧互为补充、互为注脚，让年轻一代认识到传统戏曲里"处处皆故事，字字皆文章"的丰富内涵，为文化遗产的传承和推广吹进了新风。

（5）民族传承纪实视频。

传承与记忆所具有的人类学意义在我国这样的多民族国家里很大程度上体现在以少数民族为主题的影像表达中，特别是缺失文字记载的口传艺术，而作为非物质文化遗产之一的口传文化多是对子孙后代的劝勉与教诲。纪录片《克智少年——吉则尔曲》入围"2019年文化与自然遗产日非遗影像展"并获得"评委会推荐影片"奖。该片记录了大凉山彝族7岁的演述克智的天才少年——吉则尔曲的快乐童年生活，以及国家级非物质文化遗产克智演述在彝族民间的传承生态。该片以一个爱玩、爱笑的彝族娃声情并茂演述彝族口传论辩"克智"为开端，讲述了家住大山深处的彝族少年吉则尔曲，小小年纪在父亲的影响下，跟随当地著名的克智艺人学习克智论辩术，显现演说克智的天赋的故事。

在无忧无虑的少年吉则尔曲眼里，"克智"是彝族人生活中充满趣味的表演。这部不到 40 分钟的原生态纪实影像记录了父亲对儿子的殷切希冀、母亲对儿子未来的忧虑、老艺人对他尽心竭力的传授和教导及当地彝族的传统风俗习惯和亲族邻里关系。除了大段的论辩"克智",该片还采用背景音乐或画内音乐的方式,表现了克西举尔、月琴、口弦等极富彝族特色的民族乐器。彝族少年们天真无邪嬉戏的场面与周边贫瘠的重重大山形成了鲜明的对比。该片里的几段克智论辩都是歌颂夫妇和睦、父子齐心、安分友爱、团结丰收、子孙满堂等美好德行,象征着彝族人民生生不息的精神。该片的价值不只是记录非物质文化遗产影像,而是展现出了"克智"这种彝族固有的民间口头文学形式的内容广博和灵活形式。它既是民族文学又是地域社会学,还具有文化学的表现形态,凝结了彝族先民的智慧,对道德行为的规范,对真善美的褒扬,对假恶丑的批判,传承"克智"能使人得到许多教益、增长智慧、开阔眼界。

二、人文关怀类视频作品

（一）定义、分类和发展历程

人文关怀是在存在和发展过程中对所遇到的各种问题的关注、探索和解答。确切地说,它既是对人的生存状况的关注,又是对人的尊严与符合人性的生活条件的肯定,还是人类对解放与自由的追求。其核心在于对人性和人的价值的肯定。人文关怀的文化内涵包括生活、价值、理想三个层面。人文关怀追求的目标因层次的不同而不同。在生活层面,人文关怀以消除贫困为奋斗目标;在价值层面,人文关怀以达到社会公平与正义为奋斗目标;在理想层面,人文关怀以实现人的全面和自由发展为奋斗目标。

贫困是指经济收入水平低、物质资料匮乏和生活状况窘迫,其后果是衣、食、住、行等最基本的生存需要都无法得到满足。此外，它还包括因贫穷导致的受教育机会缺失及在诸多方面的发展限制。因此，贫困不仅是人的生物性需要无法得到满足的问题，还会造成人的社会性需要的匮乏，并带来一系列连锁问题。消除贫困是人文关怀在生活层面里的奋斗目标。

社会公平是指人们在社会生活中地位的平等，包括权利平等、机会平等、规则平等、分配公平等。社会公平的表现有：第一，作为权利主体的人在社会生活中享有相同或相等的权利。第二，在权利平等的基础上所设立的制度要保障社会成员有平等的参与机遇，并为他们提供均等的生存、发展机会。第三，社会运行规则本身要合乎理性，反映人的发展的需要。第四，社会按平等的原则，合理分配社会财富，保障公民享受物质财富和精神财富对等分配机会的权利。其中，规则平等是社会公平的标尺，是实现整个社会公平的前提。

社会正义是指个人对反映特定社会关系的社会结构、社会秩序、社会规范所做的正义与否的评价，其核心是社会基本制度的公正。社会正义要求基本经济结构能够为公民的自由发展提供公正平等的机会；能够排除利益分配过程中的偶然性和随机性，提供公正合理分配利益的程序；当利益分配出现明显不均衡，能够通过一定的机制予以纠正或补偿。

同时，由生活层面到价值层面再到理想层面，人文关怀不仅要实现从低级到高级的发展，而且要达到终极目标——实现人的全面发展。

党的十七大报告第一次提出"加强和改进思想政治工作，注重人文关怀和心理疏导"。人文关怀和心理疏导这两个新名词透露了我国执政党"思想政治工作的新变化"。这一转变，体现了党对人的关怀及社会对人的关爱，严肃的思想政治工作引导人们正确对待自己、他人和社会，正确对待困难、挫折和荣誉。这一理念的提出，拉近了执政党与人民的距离。

在这样一个层层递进又密切相关的内涵系统中，我们必须认识到在思想政治工作和社会治理工作中，人既是一种物质的存在，同时更是一种精神、文化的存在，无论是在实现自身发展方面，还是在推动社会发展方面都应居于核心地位或支配地位。追求作为人的社会价值和个体价值的统一既是手段也是目的，尊重人在物质生活、政治生活、精神生活乃至整个社会生活中的主体性，才能提高生活品质。关心个人多方面、多层次的需要，创造条件满足个人的生存需要、享受需要，更要着力于人的自我发展、自我完善需要的满足，促进公民实现个人自由，尊重个体差异性、特殊性的全面发展。

结合人文关怀的内涵与要求，本节将慈善救助、社会教化、公共服务等公益事业作为这种内涵的外显与实践存在，通过具体案例分析，探讨近年来公共领域的措施和关注特殊群体的发展情况。

（二）重点案例分析

1. 慈善救助类视频

中华民族是热情仁爱、乐善好施的，关于慈善的概念古已有之。"慈"指长辈对晚辈的爱抚，"善"的本义是"吉祥、美好"，后引申为和善、亲善、友好等意思。慈善从纵向关系意义讲，是上对下、老对幼的关爱；从横向关系意义讲，是人对人的关爱为善。由此，归纳可知慈善是有同情心的人们之间的互助行为，慈善是仁德与善行的统一。现代公益与慈善均源于对生命及世界的爱，即博爱精神或利他主义，在行动层面指向"大我"和"小我"两个维度。但是在许多行为或活动中，现代公益则应同时具备公益和慈善的属性，再者可以相互转化、推进，这是人文关怀领域解决人的需要的必要基础。在全球经济一体化的背景下，慈善救助的内容从早期的生存救助发展到权利救助，慈善组织与政府的合作也从单一资源共享向多环节衔接过渡。从生存型救助到权利型救助的转变既是慈善组织救助内容的演变，也是许多救助工作的重点，如以权利救助为特点的教育救助、法律援助、心理抚慰等的兴起正体现了这一点。

在这一版块，新媒体视频的根本宗旨在于唤醒公众内心的善良，并以这份善心服务他人、服务社会，使社会公众执善念、行善事。

（1）赈灾救难视频。

2013年4月20日四川雅安大地震之后，由电影频道和DMG等联合出品了一部真实记录这场灾难里人间大爱的微电影——《大爱如山——雅安地震中的故事》。电影频道集结12名新锐导演，深入雅安地震灾区，将镜头对准灾区，用电影的语言从不同的视角记录灾区的人间百态。这是一次中国电影人的爱心接力，它既是国内一次以电影的语言记录这个时代，更是中国电影人第一时间集结灾难现场摄制。

导演吴京第一时间报名该项目，接到通知后立即奔赴灾区，第一时间用影像讲述了惊心动魄的抗震救灾故事《我的战场》，并用他独特的视角讲述了一群可亲可爱的"90后"官兵的风采，这也是吴京迄今唯一在灾难现场录制完成的微电影。在这部约13分钟的影片中，出现在镜头里的主要是某部队侦察连官兵有组织、有计划地展开营救安置工作，并与群众建立起鱼水情深的军民关系的过程。吴京导演把自己当成战士们中的一员，在侦察连离开之后他和当地武警官兵及志愿者们一起担任起了"武警春蕾帐篷军校"的教官，和学校孩子们共同渡过难关。影片结尾部分的主题曲《你好吗？》带给人温馨与希望，成为灾害公益救助中翻唱版本最多的歌曲之一。

《理发师》的导演周劼来到地震中心地区芦山县，把镜头对准志愿者中的一员——来自江苏昆山的聋哑理发师，全景记录这场无声的援助。通过与记者的笔谈，聋哑理发师表达了希望每个人在做事时能"从头开始，愉快在心"的朴素愿望。该片表达了在灾难面前哪怕微小的力量也能给人以希望的主题。这种希望能如火种般延续，相互照亮。

马静导演的《伤痛和女人》在悲凉的钢琴声中讲述地震后的女人们。她们有的经历了失去亲人的伤痛，有的面临家园损毁的痛苦，却需要忍受失去亲人和家园的伤痛，频繁进出危房抢救家里的生活物资或家畜，或在石块瓦砾中寻找可用之物继续支撑整个家。面对眼前毁坏殆尽的残破祖屋和围绕在身边的一家老小，她们必须擦干泪水，坚韧不拔地从头开始。该片最后，这群灾区女人们在乱石块中挖出一把大伞，寓意着她们就如大伞一般在遗忘和记忆之间荫庇这些受伤的小家。

在该系列电影中，该片顾问成龙还为雅安蒙顶山茶品牌公益代言，并认购百万元的茶叶帮助当地茶农，同时号召影视圈的所有明星一起加入这场爱心认购活动，以实际行动支持灾区重建。系列影片中的赈灾现场和后续的组织活动等，都显示出地震救灾在2008年之后的官民互补性、集结有序性和明确目标性，愈发重视心理创伤的建设。

（2）关注困难群体视频。

①2016年5月底，作为一部为儿童节献礼的国内首部记录秦巴山区留守儿童学习生活的公益纪录片《留下希望 守住幸福》在西安首映。

该纪录片的创作源于社会力量联袂发起的一场关注留守儿童的公益慈善活动。摄制组在国家特困地区的安坪秦巴山区，历经半年多的艰苦拍摄，行驶5000多公里，走访7所山区学校，接触了500余名留守儿童，记录了他们的生活和学习。据统计，全国农村留守儿童逾6100万，占儿童总数的两成，于是摄制组带着"我们可以为他们做点什么"的初心走进他们的生活。从之后的走访中得知，大多数家庭的父母都是为了生计离开农村外出打工，导致这些孩子从小就失去了父母的教育与陪伴，他们不同程度地表现出学习能力低下的状况，并有自闭或叛逆的倾向，单亲家庭的留守儿童更是身心备受伤害。虽然每个家庭情况不同，但是有的留守儿童由于过早地失去父母的关爱，甚至仇恨父母；还有些孩子的家庭因为失去父母这代劳动力，只能依靠家中老年人的低保维持生活，让人唏嘘不已。当地示范学校根据留守儿童的心理特点，制定了留守儿童的教育和管护方案，让留守儿童和父母增加亲情电话、视频聊天的频率，定期对他们进行心理辅导等。该片表达了父母的关爱不可替代，"陪伴成长"是孩子们的迫切需求这一主题，希望全社会都关注、关爱留守儿童。

②慈善公益涵盖广泛，令人动容的不仅有纪实类作品，震撼人心的创作类优秀作品也不胜枚举。

荣获2018年奥斯卡最佳真人短片奖的英国公益短片《沉默的孩子》将镜头对准聋哑儿童。该片对于残疾儿童的生活的展现令观众深思。影片情节简单易懂，主题深刻有力。三段式结构分别表现了主人公三种生活状态的转换，反映了当下社会中残疾人的被边缘化与大部分人对残疾人的不理解和不尊重的现实。影片讲述了主人公莉比因天生听觉障碍导致与其他家庭成员的脱节而整日沉默，后来认识了聋哑家庭教师乔安，她逐渐变得阳光，但最后被抱有错误认知的母亲送进普通学校而再次处于被孤立状态的悲剧故事。影片总体运用了线性叙事方式，将善良温和的老师乔安与莉比强势的母亲相对比，展示了莉比在被关注与被忽视时情绪的高低转变，紧紧抓住了观众的心。该片节奏舒缓，通过大量的空镜头表达情绪与氛围。比如，影片开头的树枝和迷雾移动等空镜头暗示了莉比在家庭生活中的忧郁与阻碍；在与乔安老师相处的第一天出现了黄昏的高速空镜头，寄托了莉比的希望；在

第四章 公益新媒体视频的分类和案例分析

决定去公园后，自行车轮转动的空镜头预示事情的好转；母亲送莉比上学时车辆逐渐驶入笼罩浓雾中的密林，暗示此片令人沮丧的结局。同时，用主人公莉比的主观视角镜头配上消音处理，对比渲染出一家人的谈笑风生和与莉比无关的距离感，无声的声画蒙太奇强烈地表现出莉比内心的悲凉之感。特别是在影片最后远拉的俯视镜头里，操场上嬉戏打闹的孩子们，与莉比独自靠墙形成鲜明对比，以动衬静突出了莉比与世界存在的沟通高墙。画面的冷色调处理，也让故事情节与主题展现出特殊的压抑气氛。该片意在告诉观众，残疾人的内心渴望被理解，渴望与世界交流，健全的人应尊重残疾人这一主旨。聋哑儿童只是缺少当前社会约定成俗的沟通习惯，他们仅需要一些特殊辅助就能达到融入社会的目的。希望社会能真正认识到聋哑儿童与一般人也能够进行交流沟通，而且交流方式并非只有一种这一道理。

③当下，根据真人真事、热点事件等进行改编已成为再现创作影像常用的手法，发挥着呼吁社会的积极作用。

2012年7月，《重庆晨报》对家住重庆观音岩的七旬老人吴豁然"0元求租"事件进行报道后，在全国引起轰动。次年，电影网与爱之链基金联合，以该新闻报道的事件为蓝本改编后出品了45分钟公益微电影《零元招租》，这是国内首部聚焦空巢老人生存状态的公益电影。该片已先后在各大微电影节斩获34项大奖。该片真实地反映了当代城市病之一的养老问题，并在短时间内制造人物之间的对立冲突，展示了家庭伦理观的扭曲等诸多社会问题。主角谭爷爷善良老人的人物设定，让事件冲突最终平息，各相关人物也开始反省。故事的结局是喜人的，与呼唤社会正能量这一定位相一致。影片中出现的各种社会力量及反复出现的主题"你也会老"的台词或文字，始终在提醒人们，养老助老不只是家庭"小我"的问题，更不是单纯的"爱心传递"的问题，而是一个需要社会有组织并持续性关心的社会性工程问题。

(3) 扶贫解困视频。

互联网发展至今,将新媒体与慈善救助等活动相结合的方式更加灵活多样,大致可以分为以下四类或它们任意组合的某种闭环系统:第一,运用多种媒介渠道发布信息,建立互联网扁平化社群及"志愿者网络"制度。第二,搭建线上线下资源共享和推广平台,以社会参与、活动及讲座等方式促进粉丝参与。第三,打通组织内外传播及众筹壁垒。第四,媒体与自媒体共同打造定位明确的品牌形象,完善品牌管理与传播。无论新媒体运用在公益慈善的哪一个阶段,视频都贯穿始终,起到真实记录、实时传播、发布信息的作用。

①2017年底,阿里巴巴脱贫基金会正式启动,直到2019年7月底,该基金会如期向社会交出了2019年上半年脱贫年报:不发达县土货在阿里平台上销售同比增长八成,直播卖货这一新手段成为土货变尖货的重要"推手"。半年后显示,在推动不发达地区可持续发展方面,截至2019年6月底,242个国家级亟须乡村振兴县接入了阿里兴农扶持业务,相当于每3个国家级不发达县就有1个通过淘宝、天猫将山货变成了网红尖货。阿里巴巴脱贫基金在成立一年半时间内,销售总额达到1100亿元。其中,在2019年"双十二"活动当晚,网红李佳琦的直播间参与公益直播,为偏远地区农户直播带货。据阿里巴巴官方透露,李佳琦在直播间仅用了17秒就带动偏远乡村农户增收439万元。仅在2019年淘宝公益直播项目中就有超过300位县长、20多位明星登场,让偏远乡村的上千种农产品走出农村。阿里巴巴的助农公益事业,在实现传统农业转型升级的基础上,形成新产业、新业态,重塑了贫困地区的经济结构,让农民从被输血者变为造血者,最终达到振兴乡村的目的。

②2014年5月30日晚,公益项目"免费午餐"发起人邓飞联合中央人民广播电台著名主持人青音和许川做客新浪的《微访

谈》节目,与网友分享了《免费午餐:柔软改变中国》一书的创作及音频制作背后的故事。青音是一名心理咨询师,主持心理节目,兼做中国之声新媒体的合作公关,在与邓飞因做评委结缘之后,随着双方沟通的深入,发现邓飞的公益事业更多的是在救人心,这种根本目标的一致性也促成了两人作为本次朗读者的合作。许川在人文访谈节目中因两度采访邓飞而结缘,通过采访及合作,他感到在实践公益过程中许多人能获得成就感、满足感、幸福感,这也是他用声音读给大家听的初衷。青音在被问及读后感时,谈到书中用白描的手法描绘了中国乡村,这些被生活遗落在角落的孩子出奇得多,令他非常震撼。许川表示书中描绘的"免费午餐"团队的激情,一起做善事收获的自我价值的认同和人生存在的意义令人感动,他意识到通过做公益可以让自己的人生变得有意义。这与邓飞的观点一致,在落实公益的过程里,许川认为自己才应该是感恩的人,感恩孩子们。

曾经的调查记者邓飞用柔软的笔触将多年来的公益事业汇集起来,意在用实际行动掀起公益在我国发生更大变革。他强调社交媒体的代表新浪微博,对于我国公益发生时代性变化起了举足轻重的作用,只有将公益与社交媒体相结合才能建立人脉和财物的联结,展开行动及实现自我赋能或赋权。新浪微博把单纯的思考者、观察者、批判者、批评者变成了行动者,让每个人的贡献像滚雪球一样累积。由于微博一类社交工具的存在,促进新的组织形态——微公益的诞生。它既有集微小之力量,自下而上、积少成多的意义,同时,也会存在劣势。由于参与公益的很多人是非专业的、非职业的,在快速推动的过程中也会遇到各种问题。并且,嘉宾在访谈中谈到"不要抱怨",公益是条长久之路,把怨言化为实际行动才能恒久坚持。最后,在被主持人问到"六一"礼物时,邓飞表示要为孩子送去摄像机,希望孩子们能记录自己的成长。青音表示要赠送一套古典音乐CD,因为他认为对于人心最有力量的是两件事：一个是爱的力量，一个是美的力量。音乐无论在哪里对人心灵的滋养和成长都非常重要，希望小朋友们在美的浸润当中更多感受到向上的力量。许川表示他会跟随公益组织去一所盲人学校给孩子读书。最后，主持人表示农村的小朋友们不光需要吃饱饭，满足基本的生活需要，也需要美，也需要更高的追求。"免费午餐"公益项目自2011年4月开始，救助了十余万的乡村留守儿童，甚至敦促了国家农村义务教育学生营养改善计划的启动和实施，该计划现在仍然在持续，这得益于现代、先进的慈善公益理念，整合资源并建立合理完善的救助制度、志愿者制度、"公益合伙人"制度等良性循环系统。通过这次微访谈，我们感受到在保障乡村儿童完成基本生存的下一环就是为他们的精神健康考虑，这也是需要慈善组织长期关注，解决更深层次的问题。

2. 社会教化类视频

社会教化是我国传统的社会意识形态管理的主要方式之一，通常是一种自上而下的信息传递，其主要目的是"化民成俗"与"学做圣贤"，其内容包括人文、伦理、道德，如忠、孝、仁、义、礼、信及其规范等，现代社会教化的主要形式是动员家庭、家族、学校及其他多种社会力量共同参与，用以作为规范个人道德的伦理性、政治性为手段节制不适当、不正确的行为。社会教化在中国历史上一直发挥着规范个体行为服从群体，为减少以至避免社会纷争，整合家庭、家族、民族共同体，发挥着促进社会和谐的作用。

（1）师徒传承与传统手艺。

①在传统手工业的传承中，类似前述泸州油纸伞这样的师徒制关系是非常广泛的，行业规定的拜师学艺制长年的学徒生涯也在师徒之间培养出一种超出单纯的师徒关系，"一日为师，终身为父"，师父不仅是传道、授业、解惑的长者，并兼有老对幼的

第四章　公益新媒体视频的分类和案例分析

爱护、照顾等情感。我国古代工匠精神传承所依赖的学徒制，强调的是师者的以身作则，注重的是师徒之间紧密的联系，不仅是传授技艺范式，还要把一门之风流传下去，学徒制蕴含了三个方面的内容：其一，尊师爱徒的传统道德；其二，言传身教的教育模式；其三，追求卓越的尽善尽美境界。学徒制千年以来，承载了儒家文化的绵延，这种传承方式反作用于社会，造就了具有中国特色的社会教化的内容之一。

　　无论传统手工业的师徒之间的关系如何变化，但是"手把手"的口传心授是传统工艺中必不可少的环节。《了不起的匠人》第三季通过师徒传承这一主题讲述东方的为人处世之道。该季内容突破了同类产品单线叙事的模式，以"拜见师父大人"为题，聚焦于"师父"这个极具东方色彩的身份上，讨论了师徒是手艺传习过程中不可避免的人际关系。如何在尊重传统的基础上发扬创新是每一对师徒都可能面临的挑战。该季纪录片着重表现了师徒双方在价值观等方面的异同，随时提醒人们对师匠们身上所传递出来的东方智慧应予以思考。该纪录片系列《非遗老顽童的剔红人生》的主角，年逾古稀而充满活力的剔红大师——文乾刚。他与徒弟的关系如父子、如朋友，对技艺的教授不拘泥于工作室案前，带领徒弟们"玩儿"，通过对真实山水的观察生动地理解剔红中的立体关系。除了客观记录的镜头，无论是徒弟还是文乾刚大多将创新灵感聚焦在如何从前人处学习钻研和对自然的观察。文乾刚老顽童式的生活方式和对剔红事业的专注都体现在指教徒弟们、集体创作剔红作品及坚持传统技艺的过程中。

　　该季纪录片着墨于以师与徒的双重视角展现对传统审美的差异化认知，突出师徒间的戏剧冲突，这个方式在该纪录片系列《一个爆裂编手的诞生》中表现特别鲜明。浙江中部大山里的东阳市山多地少，旧时百姓多为衣食所苦，迫于生计多以手艺谋生，东阳竹编就这样一代传一代，2018 年已 74 岁的何福礼是唯一被邀请北上修故宫的东阳竹编艺人,其仿故宫角楼编制的《望月楼》已成经典,堪称东阳竹编界的"一代宗师",也是传统审美的正统传承者与捍卫者。这一年,已经出师的徒弟小郭因为准备参加艺术展,决定重回师门,寻求师父的指导,何福礼在小郭身上看到了年轻的自己,最后何福礼用自己的《百鸟朝凤》中的一部分帮小郭完成了《望山》这部作品,成就了徒弟的心愿,也突破了自己多年来秉承的传统审美意趣。师徒二人的合作承载了这一段师徒羁绊,从以往冲突的两败俱伤到如今的融合互让,这既是师父的一念成全也是徒弟的万丈敬仰。

②用手艺或审美情趣建立一种社会或人际关系,将美好的手工制品展现在人们眼前,呈现给爱人、后代,表现最质朴的人文关怀,是每件精美物件身上独具的特质。在众多匠人风纪录片中,《爸爸的木匠小屋》系列是 B 站首播的微电影纪录片。第一季 24 集分别对应中国民俗的二十四节气,每集都由"爸爸"制作一个暖心的木作,每件都构思精巧、独具一格。该片把传统二十四节气和与之对应的时令木制器件囊括在中国人的日常生活里,特别突出传统木作榫卯结构的创新,自然流露出父亲对家人的款款深情。能工巧匠的父亲身旁总是有制作美食且心灵手巧的母亲,琴瑟和鸣、温情满格的画面让人目不暇接。在第一季第 19 集里,主角郑爸爸专门讲解了榫头的类型与特点和传统木作的结构美学意识,燕尾榫糕点盒完美呈现了对传统木工与现代化画图工具中饱含着"爸爸"的心意与智慧的巧思妙用。该视频呈现的是"家庭手工作坊式"生产,女儿为导演、母亲主摄影、父亲演主角,完美呈现和谐的家庭关系,中国社会的家庭伦理与千年传统风味都寄托在每一集制作的木器里。《爸爸的木匠小屋》系列至今共策划了三季内容,均选择在 B 站播出,主角郑爸爸成为网红甚至有人上门拜师学艺。应该说它给年轻一代提供了认识传统工艺的平台,挖掘出了传统文化里需要精耕细作才能领会

的精髓，在现实中树立了用亲手制作表达爱心的榜样。

③如果《爸爸的木匠小屋》系列中的手艺是情感传递的桥梁，那么在《了不起的匠人》第二季第7集中，手艺就是匠人引以为豪的热情和执着。在这集中描述了一位将榫卯结构发挥到极致的木工匠人王震华，他的手艺让人们看到了这名隐身在居民楼中的"当代鲁班"的高超技艺和潜心做好一件事的工匠精神。他复刻的天坛祈年殿，荣获2016年世界手工与产业博览会暨非物质文化遗产成果展"国匠杯"金奖。该作品耗时5年，历经10万多道工序，生产了7108个零件，前后经历了4个版本，以全榫卯结构还原了微缩1/81的天坛祈年殿。

④如果把行业与职业的观念关联起来，职业道德通常的体现形式，比如职业习惯、职业信念、职业规矩等都是行业发展壮大的基础。像王震华这样自律、执着的匠人所秉持的不放弃的信念，也反映在B站播放的《手造中国》系列里。手工制瓷全套工序并非一个单位或个人短期内能完成的。它是各工种相互搭配结合生成的传统产业链，但现在却面临传统手工业的坚守与传承困难的问题。该纪录片的第4集采访了6组手艺人，他们以同事、搭档、师徒、父子等不同关系出现，相互协作、帮衬、企盼与继承。该纪录片探讨了手工制瓷业匠人们应在守好古法成规的基础上，为从大自然中得到的原材料赋予生命。该纪录片以高速高清全方位摄影的方式捕捉每门手艺的细节，每一个镜头都传达出工匠们对传统的坚守与现代高速发展之间的矛盾，每一次制作都需要严谨认真、静心养护，磨炼了工匠们的精神。在这里，人与人、人与物的关系都通过匠人们美好的职业素养得以充分发挥，从传统中吸取养分、物尽其用、人尽其才。

（2）继承民族文化精华的日常视频。

随着全球化在文化领域的渗透，对于饱含中华精神基因的传统文化，我们的需要重视的是，从单纯汲取精神力量转变为积极推动中外文明交流,讲好中国故事,传播好中国声音,促进中外民众相互了解。

①2018年,李子柒的原创短视频在海外运营三个月后获得YouTube银牌奖。2019年12月,李子柒荣获由中国新闻周刊主办的"年度影响力人物"荣誉盛典颁发的"年度文化传播人物奖",受到人民日报微博、共青团中央、央视新闻、新华社等多家媒体点赞。李子柒精心打磨的一百余个短视频,充满着浓浓的中国风,内容涉及传统工艺、习俗节气和日常生活,全方位地展现了中国传统文化和乡村生活的方方面面。比如,文房四宝、活字印刷、古方红糖、竹沙发、养蚕缫丝、兰州拉面、四川火锅、鲜肉月饼等,无不具有鲜明的传统文化色彩。这些生动有趣的内容让我们明白在文化传播的过程中,除了有高、精、尖的科学技术和博大精深的文学作品,还可以有孝敬仁爱、勤劳勇敢、灵巧好学,与自然和谐相处的普通大众的日常生活。尽管语言不通,外国观众却能从中了解到中国人的历史传承和民族特性,了解到中国人的风俗习惯和人文精神。视频画面清新可人,有触手可及的大自然的鸟语花香或几句家长里短和乡村乡音,这都是普通人看得见、摸得着的,随时随处散发着原生态的美,超越种族与国界,让每一个热爱生活的人都能感同身受。良田美池、桑竹珍馐,在鸡犬相闻、怡然自乐的桃花源般的深山乡村里,隐含着"天人合一""道法自然"等中国传统的思想价值观念。在2019年12月14日的央视新闻频道《新闻周刊》节目里,主持人白岩松不吝夸赞,表示现在我们的问题不是"李子柒"有多少问题,而是"李子柒"太少了。如果来自民间并真的走向世界的网红由一个变成几十个、几百个、上千个,那中国故事就真的有得讲了。李子柒因勤勉与聪慧,无意间成为对外文化传播的"民间文化使者"而获得各类殊荣,这也从侧面反映出,社会教化可以通过表彰先进典型,让我们明白向世界讲述中国故事是每一个中国

第四章　公益新媒体视频的分类和案例分析

人的责任。

②在表现国家传统习俗与家庭人际关系时，亲情总是让人头疼而又极具吸引力的话题。获得2019年奥斯卡最佳动画短片奖的《包宝宝》，这部不足8分钟的无人物台词的虚构视频，引发了人们对家庭关联方式、代际交流、跨文化理解等问题的讨论。此短片充斥着由非语言符号逻辑性的组合，这些组合承载着各种隐喻的功能。短片中运用大量的镜头来描绘中国菜的制作过程，例如从开篇的制作包子馅儿一直到做红烧肉、煮面条等。在烹饪工具上，案板、擀面杖、中式菜刀、大量调味瓶罐也都是烹饪中国式佳肴的重要工具，饮食文化在民族文化中占有的特殊比重由此而知。在家庭环境的装饰上，红色福字、折扇、陶瓷娃娃、青花瓷盘、水墨山水画、龙摆件、中国结挂件及照片墙等，随处可见的中国元素符号构建了中国式家庭的背景环境和外显的亲子关系，通过对非语言符号的使用揭示故事背景的方式，符合短片这一类型中的语言经济原则。这些符号映射中国式传统家庭中父母对孩子含蓄内敛的爱。在故事里第三次出现的父亲，穿着加拿大特有的红色枫叶标志的毛衣，表明了父亲对儿子的加拿大女朋友的接纳和对这个国家友好的态度。影片起承转合的背景音乐也大量运用了中国民族乐器，如琵琶、二胡、古筝、扬琴、笛子、埙、鼓、镲等。以中国民族乐器为主旋律、西洋乐辅以和声，采用多段体曲式，整体烘托了轻松欢快的气氛，随故事情节的发展时而紧凑、时而舒缓。然而，当包子收拾行李决定自立门户时，母亲却吞下包子，音乐随情节变化骤停，人物冲突达到高潮，短片主题凸显。结尾部分，全家其乐融融做包子时音乐大气、流畅，一种东方式的欢喜结尾象征了家庭矛盾消融之后的和解。整部影片，音乐对情绪起到了渲染的作用，打破了跨文化间交流的不确定性。亚洲文化崇尚孝道和长幼尊卑，移民后小家庭依然坚守东方儒家观念，需要孩子凡事向父母汇报、征求意见，特别是

在人生大事上。然而在西式理念大环境下成长起来的下一代使他们看起来不听话，思维差异导致文化断层，造成两代人之间的误解。这一类中西文化价值观的冲突在亚裔移民族群中更易产生共鸣。影片里，包装和外观相同的小面包前后出现过三次，每一次都对应包子成长变化的节点，长着东方脸的包子吃着西方的面包，暗示的对象就是被称为"香蕉人"的华裔后代。但是，人与人之间如果没有对等的尊重就不可能进行顺畅的沟通，也不可能通过换位思考互相理解。影片最后的结局是儿子带回从小吃到大的面包反哺母亲，小面包给母子双方提供了解决问题的"台阶"，反复出现的小面包被寄予了表达该片主题的厚望，小面包实则是"沟通"这一主题的能指。动画短片通常都会避开高深的逻辑与情怀，传达了最简单的道理，该片也不例外。人和人之间虽然有年龄、性别、种族、家国的差异，只要放下对立的情感、相互尊重、积极沟通就能打破交流屏障，这是维护亲密关系的不二之法。

（3）有关暴力的探讨视频。

然而，在建立家庭亲密关系的现实过程里，忽略沟通的"暴力"现象却比比皆是。

①2019年11月25日国际反家庭暴力日这天，仿妆博主宇芽发视频倾诉自己被家暴的事实。随后，新京报网的《动新闻》栏目连续三天关注宇芽事件，并制作多期文字或视频节目，在11月27日《宇芽被家暴：恋人之间算"家暴"吗？如何取证？》的视频中，从宇芽家暴事件出发，详细地向大众普及了有关《中华人民共和国反家庭暴力法》的知识及遭受暴力后如何及时利用法律武器保护当事人的措施等。之后月余，反家暴舆情的高涨之势不减，央视等媒体也都陆续播放采访当事人的节目。同日，该栏目还播放了题为《宇芽谈首次被家暴未分手原因》的视频内容，针对大家质疑的"为什么她第一次被家暴不分手？为什么三

番五次遭受家暴还不离开?为什么被打一年多从来没说过?"等问题对宇芽进行了专访。反家暴究竟有多难,被家暴者面临的困境比局外人的想象复杂得多,对于越来越多的家暴受害者,他们应该如何得到救赎,这是该期节目意欲探寻的道路。从宇芽惊魂未定的回忆与叙述中,可以了解到施暴人通常会利用受害者的善良、软弱对其进行人身甚至经济上的控制,并伴以恐吓、威胁等。宇芽在"如果我不勇敢说出这段家暴经历,还会有下一个宇芽"的初心下,勇敢地站出来,表示希望每一位家暴受害者不要回避,应打破沉默,寻找外力帮助,保持理智并及时诉诸法律,用法律的武器直面遭遇到的问题。视频最后给出一组令人心惊的数据"全国2.7亿个家庭中30%的已婚妇女遭受家暴,平均35次才会选择报警"。家庭暴力男女都可能遭遇,无论是谁面对暴力需要做的就是"不要沉默"。

②除了家庭,职场也是一个暴力事件时常发生的地方,2018年由BBC出品的纪录片《日本之耻》(*Japan's Secret Shame*),讲述一位日本记者伊藤诗织拿起法律武器捍卫自己尊严的故事。视频讲述者也是主角——日本记者伊藤诗织,声称在2015年的某次工作晚餐会上被时任东京广播公司华盛顿分社社长山口敬之强奸,但山口矢口否认此事。山口是时任首相安倍自传的作者,与首相私交深厚,尽管伊藤向警方报案,一年后却被撤案。当伊藤采取日本历史上前所未有的方式,公开她的指控并揭露对方时,她却收到公开的羞辱和仇恨邮件。该片将伊藤的事与日本更广泛的社会背景交织在一起,以独特的方式记录了伊藤的事迹。彼时,虽然全球"Metoo"运动激励全世界的女性指控性侵犯时,日本的反应却很平静。日本与英国"向警方报案的强奸指控数量"相比,后者是前者的五十余倍。在日本社会女性要具有"坚忍不拔、平静耐心"等优良品质的大环境下,即使面对强权、男性的压迫或不平等对待,也只能像被家暴时的宇芽一样忍耐、

压抑、静默。但是，伊藤并没有被吓倒，她访问了认为她失败的机构，并见了其他因害怕而不敢说话的女性，在她的不懈努力下，性侵事件引起了日本政府的重视，之后日本建立起全国支援性犯罪受害者基金会，还有41个全国性强奸危机中心。"Metoo"运动的推进让该事件被国外媒体广泛报道，日本议会修改了110年未曾改动过的强奸相关法案。后来，外表柔弱的伊藤自强不息，一直在打破男女歧视、提升女性权益的道路上不断前行。① 《日本之耻》是一次女权的独立宣言，该片从保护关照女性权利的角度出发，鼓励女性受害者要勇于维护自身权益。

③遭遇暴力的受害者的具体情况或许与宇芽、伊藤的经历不一样，还有存在于虚拟空间中对真相断章取义、谩骂诋毁、人肉搜索、公开他人隐私等野蛮的网络舆论暴力。2018年8月20日，四川德阳市中西医结合医院的一位姓安的女医生，因在游泳池和另一个家庭产生纠纷，报警后双方相互道歉。次日，对方家庭带人到安医生所在单位闹事，并要求医院开除安医生。之后，对方家庭将冲突视频片段发到网上，舆论影响进一步扩大。经过网络媒体的传播之后，安医生遭到人肉搜索。2018年8月25日，安医生不堪压力选择了自杀，最后因抢救无效身亡。然而，消息传出之后，当初转发片面信息的一些网络媒体和营销号悄悄删除了视频。同时，与安医生发生冲突的对方家庭也开始遭到人肉搜索，短短数天，网民舆论一再反转，并给事件双方都造成了伤害。8月27日看看新闻（Knews）以《泳池起冲突家长到单位闹事，女医生不堪压力自杀》为题，发布了一段"视频＋文字"的新闻。8月29日，扬子晚报网推出的原创深度融媒体

---

① 2019年12月18日，伊藤诗织遭性侵案民事诉讼宣判。日本东京地方法院判决伊藤诗织胜诉，并判处日本东京广播公司（TBS）原华盛顿分社社长山口敬之赔偿伊藤诗织330万日元（约合人民币20万元）。

"紫牛新闻"的《紫牛视频》有一条名为《小小纠纷酿成悲剧，德阳女医生自杀，谁之过？》的视频，还原了泳池监控视频和"德阳爆料王"等营销号的页面，意图表达一起小小纠纷演变成如今的悲剧，网络暴力在其中充当了十分不光彩的角色，结局让人扼腕，并在最后表示从现在开始，要对网络暴力说"不"。2019年6月27日，凤凰网脱口秀节目《又来了》上线了一期节目《闭嘴吧！键盘侠》。在节目中，主持人针对蜷缩在网络背后站在所谓的道德高地的"键盘侠"，提出了这种严厉的标准如果反过来会如何的犀利质问。2019年12月24日，长江网的《长江评论》栏目上线了《人肉搜索属违法，用法律治住"键盘侠"》的节目，报道并评论了中共中央网络安全和信息化委员会办公室发布的《网络信息内容生态治理规定》。视频主持人指出规定中明确提出不得开展人肉搜索、网络暴力、流量造假等违法行为，并谈到电影《搜索》的恐怖情境，表示"人肉搜索"不是"代表正义"，法治社会需要用法治思维来解决问题，治理"人肉搜索"需要用法律武器镇住互联网上的歪风邪气。

3. 公共服务类视频

公共服务是21世纪公共行政和政府改革的核心理念，强调要以合作为基础，加强城乡公共设施建设，发展教育、科技、文化、卫生、体育等公共事业，为社会公众参与社会经济、政治、文化活动等提供保障。根据其内容和形式，公共服务可分为基础公共服务、经济公共服务、公共安全服务、社会公共服务四个方面。

基础公共服务是指那些通过国家权力介入或公共资源投入，为公民及其组织提供从事生产、生活、发展和娱乐等活动都需要的基础性服务。经济公共服务是指通过国家权力介入或公共资源投入为公民及其组织即企业从事经济发展活动提供的各种服务。公共安全服务是指通过国家权力介入或公共资源投入为公民提供的安全服务。社会公共服务则是指通过国家权力介入或公共资源投入为满足公民的社会发展活动的直接需要提供的服务。社会发展领域包括公共教育、劳动就业、社会保障、医疗卫生、住房保障、文化体育、扶贫脱贫等。

（1）优化办公程序，提高效率。

2016年3月，李克强总理在政府工作报告中提出大力推行"互联网+政务服务"模式，实现数据共享，让居民和企业少跑腿、好办事、不添堵。这一举措体现了政府的政策思路，也是行政管理领域的一项惠民创新之举。在新技术时代，电子政务作为促进公共管理持续发展的平台，有利于政府部门为公众提供信息，提高公共服务质量，拓展公众参与渠道，是实现政府治理现代化的必经之路。公共产品和行政服务是供给侧结构性改革的重要领域，为了降低市场交易成本、激发市场主体活力，行政部门需要提供更多更好的公共产品和行政服务。用好科技力量，不断提升"互联网+政务"服务能力和水平，探索创新社会管理和公共服务新形态，才能真正满足人民日益增长的美好生活需要。互联网与政务服务的结合体现着社会发展的必然性。

2016年4月27日，国家发展改革委官方微博账号发布了一条《2分钟看懂"互联网+政务服务"》的动画视频，解读了电子政务推出的"一号、一窗、一网"办事处程序，具体内容是：一号申请，简化优化办事流程，构建电子证照库；一库管理、互认共享，变群众跑腿为信息跑路；一窗受理，改革创新政务服务模式，建设数据共享交换平台，打通部门间业务流程，实现部门间业务协同，并联审批，统一受理，综合服务；一网通办，畅通政务服务方式渠道，各种终端统一身份认证体系进行联通，构建全国医疗、教育、社保、养老等领域的便民服务网，通过大数据变被动服务为主动服务。此程序方式灵活、省时省力、方便快捷。

第四章 公益新媒体视频的分类和案例分析

（2）针对特殊事件特殊服务。

2016 年 5 月，公安部儿童失踪信息紧急发布平台（简称"团圆"系统）正式上线，它是儿童失踪信息发布的权威渠道，发动群众搜集拐卖犯罪线索，用于全国各地一线打拐，民警即时上报各地儿童失踪信息。11 月，阿里巴巴公益频道推出一条《在一起，让爱团圆：公安部儿童失踪信息紧急发布平台"团圆系统"》的宣传视频，由该系统志愿者从一个普通母亲的视角讲述了"团圆"系统建立的过程。通过视频，我们可知，由该系统发布儿童丢失信息能通过社交媒体第一时间精准地推送给周边的社会公众，从而达到在最短时间内找到丢失儿童的目的。跟随首批高德、钉钉、微博 App 终端系统的脚步，又有更多力量加入该系统。上线半年来，"团圆"系统共发布 286 条信息，找回 280 名失踪儿童。通过该视频，我们深深感到这个平台的建立体现了政府将"互联网＋"模式贯彻落实的决心，最大限度地发挥各方的力量，将其应用于对老百姓的民生事务的服务过程。

（3）专业类公益宣传。

公共服务类视频在解读政府工作出台的政策、措施时，严谨细致，但是在向大众宣传公共知识时，为了达到印象深刻的目的，也是颇费心思。2019 年 3 月，江西消防推出了一条《丞相，别慌！》的消防公益短片，该片结合传统戏曲，用京剧的形式演绎了一个幽默的故事，宣传消防安全理念。两位 70 多岁京剧老艺术家演绎了一段赤壁之战中火烧连营的故事。只见曹丞相在小军头目的指导下，口念"火场要防浓烟袭，弯腰低姿捂口鼻"七字诀带领"众将官"火场逃生，化解敌军毒计，安然脱困。该视频简洁干脆、生动有趣，令人印象深刻。幕后视频分别由主演、导演及江西省消防总队宣传处负责人等主创人员讲述了拍摄该宣传片的初衷和意图。消防专业由于术语较多，仅用专业知识宣传难免枯燥，用喜闻乐见的传统文化等形式来表达，易为大众接受，特别是老年人更容易接受，既能宣传国粹，还能宣传消防知识，可谓一举两得。幕后视频还记录了该宣传片拍摄的现场，演员的动作、走位、配合等，全面展现了京剧的唱、念、做、打等工夫，创作人员表示这是非常有意义的尝试。正因为有消防部门"接地气"的创新意识，才成就了该宣传片在2019年中国国际广告节上获得中国广告业大奖黄河奖银奖的好成绩。

（4）解读新规，倡导新风，弘扬正气。

2019年7月29日，中央广播电视总台新闻新媒体中心正式推出了一档关注热点的短视频栏目《主播说联播》。该栏目主要结合当天《新闻联播》播报的重大事件和热点新闻，用通俗语言传递主流声音。由于栏目天生的新闻类属性，一般认为该栏目是将官话民说、硬话软说，是全方位优化新闻语态接地气的一种创新与突破。开播近两年，我们发现该栏目并未止步于此，除了对"联播"中出现过的政策、方针及对大事件的阐释，该栏目还运用其特有的"拉家常"谈话方式，饱含为人民服务的深情，积极倡导新风尚，弘扬正能量。

①2020年4月11日，主播刚强特别强调，在疫情防控常态化的背景下，餐饮企业顺应扩大消费的社会性需求，"拼尽全力"找到的"新玩法"才能匹配新消费模式，并且在微博上联合央视新闻发起了"谢谢你为湖北拼单"的公益活动，并多次参加为湖北经济助力的"小朱配琦"带货直播活动。主播刚强称赞消费模式都是"人"想出来的，特别强调了"人"的重要性，呼吁餐饮业少在"价格上打转转"，应积极发挥能动性"释放中国经济发展的动能"，鼓励其在新经济模式上进行创新与探索。

②在2020年8月8日的节目中，主播康辉化身健身爱好者提醒观众"今天是第十二个全民健身日"，并谈到在北京奥运会之后"没有全民健康，就没有全面小康"的理念不断在各地落实。他还强调锻炼身体是"磨刀不误砍柴工"，此次疫情后让大

家认识到健康的可贵。回望 2008 年，他感叹在磨难中得到了更多的成长。主播康辉认为再大的困难除以 14 亿，也会变得微不足道，再小的力量乘以 14 亿，也足以战胜一切困难。最后，他挽起自己的双手说道"我们未来可能还会有很多挑战要我们去面对，但只要我和你，手拉手，在一起，什么困难我们都能挺过去"。康辉的言论不但契合、鼓励当下全民健身的新风潮，并对照历史再次向大众表明了中央团结人民共同战胜困难的决心。

③2020 年 8 月 12 日，主播郭志坚针对"厉行"节约，表示自己点的饭菜"含着泪也得吃完"，积极践行"光盘"行动，乱点一气不是阔气，光盘才是最大的排面。最后郭志坚还表示好吃的东西那么多，不浪费才是最香的。一系列网络流行语把"浪费可耻，节约光荣"表达得幽默有趣，使群众明白爱面子、重面子导致的不节约行为才是最掉面的行为。节约是美德，但是也得苦口婆心，反复强调，形成习惯才能长久坚持。

④2020 年 8 月 23 日，主播刚强说到关于旧城改造和长三角一体化的问题，认为这是个"再难也要想办法解决的问题"，并指出一体就是一起，也就是一起发展、一起共享基本的公共服务，因此，主播刚强认为有率先就会有后继，除了旧城改造，教育、医疗等公共服务也要实现一体化，还把城乡一体化解释为"这样融合在了一起，也就一体化了"。

⑤2021 年 4 月 21 日，主播郑丽关注了行驶在四川凉山地区为彝族老乡带货的"慢火车"，称其为"开往春天的列车"。主播郑丽表示，这趟满载"好处和希望"的列车是国家为民做好"公共服务的一个缩影"，并且表示慢火车的服务还在持续升级。她同时指出国家制定和出台基本公共服务标准，使公共服务怎么做有了更明晰的清单和标准，其目标是公平获得大致均等的公共服务。这段不足 1 分半的解读，给我们传递出两个重要信息：一是针对偏远地区的民生扶持政策尚未结束，二是国家会加大力度提

高人民生活的质量。这个信息对相对不发达的地区的人民来说无异为一颗大大的定心丸。

⑥2021年5月30日，关于云南亚洲象北上事件，主播严於信认为虽然我们现在还不知道象群出走的确切原因，但这一定不是个"奇幻而浪漫"的选择，别让围观和调侃掩盖了值得深思的问题。主播严於信抛出了一连串问题："西双版纳亚洲象数量在逐年增加，那么它们栖息地面积比例现在还合适吗？是否存在一定的生存困境？当地自然保护区的设计和管护是不是可以与时俱进再优化？"最后，结合东北虎进村事件，主播严於信提出人和野生动物共存出现了新状态，还得用更专业科学的配套机制才能守得住各方的安全，这同样也是人类共同的期待。主播严於信不仅将关注停留在民生问题上，还延展到提高长期保护生态环境等方面，并且也希望有关部门能及时依法出台预见性政策，采取措施防范可能发生的问题。

⑦2021年6月1日儿童节当天，主播李梓萌谈及国家出台"三孩"政策等问题时，表示这个调整在意料之中，前不久发布的第七次全国人口普查的结果显示，虽然我国人口总体上还在增长，但增速在下降，而且人口老龄化的程度在进一步加深，所以，"调整是一种优化"。当然，相对于调整政策的宏观视角，主播李梓萌则把注意力转到诸多细节问题上，"要将婚嫁、生育、养育、教育一体考虑，对天价彩礼等进行治理，还要发展普惠托育服务，完善生育休假制度，加强税收、住房等方面的支持"。最后，主播站在个人角度表达了群众心声，希望鼓励生育政策提供的"获得感"和"缓解焦虑"的措施早日出台，政策能"真正落地'生'效"。

四、环保类视频节目

(一) 定义、分类和发展历程

环境保护是指对人类赖以生存和活动的自然环境的保护,防止生态环境被破坏、被污染或对已污染的环境进行治理,使之恢复原有的生态平衡或达到新的平衡的工作。环境保护的对象包括"大气、水、土地、矿藏、森林、草原、野生植物、野生动物、水生生物、名胜古迹、风景游览区、温泉、疗养区、自然保护区、生活居住区等"(《中华人民共和国环境保护法》第三条)。环境保护的内容包括两个方面:一是合理开发和利用自然资源、防止环境污染和生态平衡遭到破坏;二是对已产生的污染和破坏,进行综合治理,它的具体内容有环境管理、宣传教育、污染治理、环境监测、自然环境保护、环境保护科学研究及环境保护产业等。

环境保护是我国的一项基本国策,其目的是保证在社会主义现代化建设中,合理利用自然环境,防治环境污染和生态破坏,为人民创造优美舒适的生活和劳动环境,保护人民健康,促进经济发展。环境保护目前已成为全球性重大问题之一。它是一个系统工程,涉及多种学科、多个部门和单位。环保类视频节目始于环境类纪录片,由于新媒体视频短小精悍等特质,经常用于与环境保护相关的报道,以及新媒体平台的线上环保宣传、推广环保项目活动等。特别是在我国《中华人民共和国公益诉讼法》正式出台后,有许多环境保护相关的诉讼成功案例,令人感到欣慰。本节主要分为三个部分进行探讨:

其一,宏观上为了防止自然环境的恶化,维护生态平衡,杜绝私自采矿或滥伐树木的行为,尽量减少乱排(污水)乱放(污气),杜绝过度放牧、开荒、开发自然资源等行为,应加强宣传保护自然，人人有责。

其二，中观的理念与作为。维护生物多样性，保护濒危生物，扩大栖息地，打击偷盗猎，达到人类与其生物的和谐共处等。

其三，从微观上看，为了使环境更适合人类工作和劳动的需要，人们的衣、食、住、行等方方面面要符合科学、卫生、健康、绿色的要求。

（二）重点案例分析

1. 宏观的倡导

（1）首次以大自然元素为"第一人称"的系列公益影片《大自然在说话》于2014年10月在美国发布，由国际明星"献声"，从大自然独特的视角出发，倡导人类通过改变自己的行为关爱环境。该影片在全球共计发布了十种语言的版本。

2015年4月8日，该系列第一季七部公益影片的中文版合集以每周一部的频率出现在中国观众面前。中文版由蒋雯丽、姜文、葛优、陈建斌、周迅、濮存昕、汤唯分别为大自然母亲、海洋、雨林、土地、水、红木、花配音。

该系列主题片用宏观的镜头记录了自然界，或磅礴或荒凉或极端或平静的各种形态，同时搭配不同的独白。在没有真人出演的前提下以语言的形式锁定了人物设定，有博大微愠的母亲，有情感激烈的父亲。该系列作品细腻地刻画了高山、湖泊、海洋、花鸟虫鱼等，生动的剪辑与口语体独白呈现出不同于以往的纯生态纪录片的情绪化表达。全集以"大自然不需要人类，人类需要大自然"为口号，每一集最后都以"我付出，他们索取。但是，我可以随时收回"收尾。和自然摧毁我们的力量相比，人类肆意对自然的改造结局最终会反馈给人类，这就是"大自然母亲"给人类孩子的警告；每一条河、每一朵云、每一滴雨，所有的生命都来自"海洋",它愤怒地咆哮"你们贪得无厌,还毒害我,竟然还想我继续养活你们",告诫人类"没有健康的大自然,人类将走向死亡"。人类必须努力从物种灭绝、资源枯竭、大气污染、土地侵蚀和沙漠化等问题中找到解决办法;"雨林"期待聪明非凡的人类总有一天能够想明白;还有美丽的"花"因外表美丽被人类"喜欢、迷恋",她却是"哺育"生命的源头,也是人类"灵魂的源泉",却常被"低估";"珊瑚"哭诉"我是海洋中的堡垒,你们却用炸药撕碎我,用氰化物毒害我",这里的"毒害"不难想象,包括了臭氧空洞、温室效应、海洋污染等,于是"珊瑚"向人类说"请停止毁灭我"……《大自然在说话》系列作品用拟人化方式,使人类感同身受并自我反思,让人们深刻意识到保护大自然的紧迫性和必要性。正如北京大学世界传记研究中心主任赵白生评价经典环境科普读物——被誉为"世界环境保护运动的里程碑"的《寂静的春天》时,指出"我们每次对自然下毒,就是毒害我们自己","我们需要思想的深度转型,从人类中心主义的价值观,转向生态主义的价值观"[①]。

(2)与该系列类似,2019年由美国TED[②]制作的科普动画短片《如果人类消失,地球会怎样》里也讲道,在后人类的生态多样性中,"随着动植物不断繁衍,地球的气候将从人类数千年的影响中逐渐恢复过来"。地球仍然是地球,而人类的出路将通往何处呢?

---

① 王彦:《汕头青年黄泓翔:名扬海内外的环保勇士》,《潮商》,2018年第4期,第68页。
② TED(Technology, Entertainment, Design)是美国的一家私有非营利机构,该机构以它组织的TED大会著称,这个会议的宗旨是"传播一切值得传播的创意"。

2. 健全法治之路

在人们因新冠病毒肆虐居家隔离时，我国保护濒危野生动物领域传来喜讯。2020年3月20日，昆明市中级人民法院对社会高度关注的"云南绿孔雀"公益诉讼案做出一审判决：被告中国水电顾问集团新平开发有限公司（以下简称"新平公司"）立即停止基于现有环境影响评价下的戛洒江一级水电站建设项目。云南省红河（元江）干流戛洒江一级水电站淹没区系国家一级保护动物、濒危物种绿孔雀的栖息地。该水电站一旦蓄水，将使绿孔雀栖息地被淹没，从而可能导致该区域绿孔雀灭绝。此外，该水电站配套的清库工程需砍伐河道两边树木、进行道路修（改）建等，也将危害生长在该区域的国家一级保护植物陈氏苏铁，破坏当地珍贵的干热河谷季雨林生态系统。

该公益诉讼取得初步胜利应归功于一位"90后"博士顾伯健的前期努力。访谈节目《顾伯健：守护百鸟之王 拯救绿孔雀于濒危》，讲述了他保护绿孔雀的来龙去脉。顾伯健从曾经的观鸟爱好者到如今的中国民间绿孔雀保护第一人，经历了这场公益环保诉讼案。访谈提到自己2013年做田野考察时，云南当地人告诉他这儿有孔雀，他觉得很惊讶。因为来云南之前提到中国野生的绿孔雀，大家持悲观的想法，都觉得中国的孔雀快灭绝了。因为这么多年没有谁拍到过或见到过绿孔雀，都觉得中国的绿孔雀可能要步华南虎、白鳍豚的后尘了。结果老百姓跟顾伯健说他们知道绿孔雀，他就特别兴奋。人工养殖的绿孔雀几乎没有，在追踪三年后他终于发现了野生绿孔雀。然而，此时该片区正在如火如荼地修建水电站。

之后，他的发现引起野性中国、自然之友环境研究所（以下简称"自然之友"）、山水自然保护中心共三家民间自然保护机构的重视，因为保护绿孔雀的共同目标，本素不相识的人们走到了一起。2017年11月，"自然之友"发起了对新平公司环境污染的公益诉讼,顾伯健发现的孔雀粪便、羽毛、脚印,国家一级保护植物陈氏苏铁等图片影像资料都成为有力证据。顾伯健最后表达了"将红河中上游纳入国家公园的保护体系中"的期望,并建议"建立公益保护地或小区,允许老百姓生产经营,可以放牧、采药,在栖息地周边种植有机农产品"。

该期节目中总结"不要让一个物种的基因库在经济价值和生态价值中被低估,不要让代表中国凤凰文化的原型——绿红雀只存在古诗中,不要让绿孔雀美妙洪亮流传亘古的鸣叫成为绝响——中国绿孔雀的存亡需要得到更多人关注,我们赖以生存的地球需要生物的多样性来维持平衡。拯救绿孔雀,就是拯救人类自己",这起由民间环保组织为保护野生动物而胜诉的环境民事公益诉讼案,用法律武器捍卫野生动物的生存权利的胜利,就像顾伯健所说"有点情理之中,也很出乎意料",云南绿孔雀案的胜诉体现了国家对生物多样性保护的重视。崇尚生态文明建设,须秉承生态环境价值至上理念,集国家、社会之力保护野生动植物的家园,只有维护生态链的协调与平衡,才能将生态文明建设落到实处。节目最后说道,2020年2月17日十三届全国人大常委会发布消息,审议关于非法野生动物交易,革除滥食野生动物陋习,切实保障人民群众生命安全的相关议案。

3. 没有国界的动物保护

(1) 在保护野生动物的道路上,热血的"85后"年轻人黄泓翔走在了国际前沿。2016年由Netflix制作的纪录片《象牙游戏》上演,该片深度揭露了象牙"暗网"贸易,将非洲大象偷猎危机问题带入公众视野。

黄泓翔是片中唯一不打码出镜的黄种人,他一直以调查记者身份从事社会活动,在该片中作为象牙交易的卧底。他在《一席》里作了题为《我为什么要去非洲保护野生动物》的演讲,演讲中他谈到野生动物保护的问题离每个人都没有那么遥远。非洲的野生动物保护从根本上讲是人的问题，只有人的观念改变了才能保护野生动物。于是，从2014年开始他们成立了公益组织——中南屋，该组织致力于搭建中国青年走进非洲的平台，倡导更多中国青年人走出去，到非洲做野生动物保护和可持续发展的调研和实践，架构中非之间沟通的桥梁。2018年，视频《选择为热爱倾注时间》的主题是"年轻有为"，内容主要是黄泓翔讲述拍摄《象牙游戏》时在非洲做卧底的经历。访谈中，黄泓翔特别提到当初被纪录片导演感动的是"想要拍一部不一样的纪录片，其实，无论是非洲人还是中国人，都有为保护大象而战斗的英雄"。在讲到非洲北方白犀牛的灭绝时黄泓翔非常震撼地说道："物种的灭绝不再只是一个概念，是实实在在发生在眼前的场景……如果时间重来，再重新做一遍选择，我还会做现在在做的事情。"视频显示自1970年以来全球野生动物数量已锐减58%；野生非洲大象，近5年来已有15万头死于偷猎。这一触目惊心的数字与历史长河形成的巨大反差，发人深省。黄泓翔穿越在人性最暗处，抵抗世俗对中国环保的偏见，他活跃的身影让世人明白：在捍卫生命的路上，中国人从未缺席，他的事迹为中国在世界环保界所承受的偏见正名。

（2）"有多少时间可以重来？"在挽救濒危动物的道路上"多一次援助'就'多一秒守护，每一秒都弥足珍贵"。

我国白鲟科学家、中国水产科学研究院长江水产研究所首席科学家危起伟在央视新闻客户端2020年1月5日《专访"白鲟科学家"：永别长江白鲟 继续寻觅140种鱼类的踪迹》的视频里，遗憾地表示因为白鲟没有人工养殖成功的例子，最长的也只养了29天，野外灭绝就意味着这个物种灭绝了。过度捕捞导致长江无鱼，航运、航道、防洪、城建等工程破坏了物理条件，长江已经有"140种鱼类无法采集到标本"，他痛心地表示，在这个珍稀动物走向灭绝的渐进过程里，对于"还可以挽回的物种早一点采取行动，早一点做，这是我们的教训"。据农业农村部长江办消息，为缓解长江生物资源衰退和生物多样性下降危机，自2020年1月1日零时起，长江流域的332个自然保护区和水产种质资源保护区全面禁止生产性捕捞。长江流域各地的重点水域也将相继进入为期十年的常年禁捕时期。危起伟称，这是一件保护鱼类的大好事，他呼吁"不要让白鲟灭绝的悲剧在其他珍稀物种身上上演"。

（3）生态系统越是复杂愈加脆弱，对于人类生活家园的影响却总是至关重要。

位于我国青海自治区南部的三江源，是文明历史悠久的世界著名江河——长江、黄河和澜沧江的源头汇水区。2018年7月，宣传片《雪豹和它的朋友们》聚焦三江源国家级自然保护分区的核心区、长江源通天河地区的藏族聚居地云塔村，讲述了这个气候寒冷、生长周期短、恢复能力差、生态系统最为脆弱的区域的人与动物生存实景。该源区是雪豹、金钱豹、岩羊等野生动物最为重要的栖息地和迁徙廊道，具有极为重要的保护价值。但是，越来越频繁的人类活动打破了人与自然界的平衡，长江源区出现了盗猎、草场退化、垃圾处理等问题。随着气候变化及人为活动的影响，人兽冲突等问题严重影响了区域内生态系统的健康及牧民群众的日常生活，正如片中民间环保组织山水自然保护中心主任吕植提及整个三江源，是人和动物交错生存，所以人兽冲突成为未来着重解决的问题。三江源是牧民赖以生存的地方，由于对自然资源的依赖和传统文化的影响，牧民们具有天然的环境及野生动物保护意识，对于不法的企图与行为，他们都会配合打击和治理。在经过社区融入，政府、公益组织和社会力量的介入与帮助下，云塔村村民转换观念，由原来的人兽冲突当事人转变为现在的长江源的保护者、守卫者。该片旨在呼吁全社会长期、持续的帮助、研究与保护行动，发生在这里的实验性改革体现了和谐发展观实现的可能，阐明了人类应当在保护自然的前提下利用自然，人类与自然是互相依存的和谐发展的关系。

4. 面对环境问题我们应该做什么？

面对严峻的生态环境与不那么和谐的人与自然的关系，转而从我们自身上寻找解决问题的可能性又存在于何处呢？在人类自身保证生存的前提下，在忙于生产生活的具体细节过程里，我们应该如何衡量吃穿用度行？如何界定我们的满足感和欲望的边界？作为一种地球生命形态，我们应如何履行义务，才不会使人类沦为地球的孤儿？在互联网高度发达的今天，新技术能否带给我们不一样的生活方式？

（1）有关垃圾处理的视频。

①目前，已有的环保理念与大众生活具有较高关联度，譬如减塑生活、绿色低碳、节制消费、垃圾分类、保护动物、循环再利用等。有为数不少相似内容的宣传片，2019年绿色和平组织邀请少年团的彭楚粤作为绿色和平减塑生活代言人，合作配音制作了公益宣传片《舌尖上的塑料》。这部宣传片的拍摄手法、叙述节奏模仿著名纪录片《舌尖上的中国》，用近乎荒诞反讽的方式警醒人们：如果毫无克制地使用一次性塑料产品，在未来，那些被你扔掉的垃圾将以"美食"的方式重新回到你的餐桌、进入你的口中。

②但是，在环保运动蓬勃发展的今天，在类似的宣传、广告、纪录片等的影响下，大众已经具有较高环保意识。眼下的问题是：我们应该怎么做？从2019年1月31日开始，通过《上海市生活垃圾管理条例》将垃圾分类处理纳入法律框架，同年7月1日正式实施。可是，通过2019年7月19日的B站上一条名为《垃圾分类纪录片》的短片，我们看到并非每个人都足够重视垃

圾分类问题并身体力行。该片聚焦上海某高校宿舍，由于绝大多数的学生没有垃圾分类的意识，导致宿舍保洁员自垃圾分类实施以来工作量翻倍。对于垃圾分类，大多数同学表示"比较麻烦"，并认为在宿舍有限的空间里摆放分类垃圾桶也不太现实；有同学甚至一边扔垃圾，一边被保洁员提醒"下次要分开啊"；还有在宿舍楼道堆放多日的垃圾袋，同学们也懒于收拾……视频用写实的镜头记录了一线卫生保洁员新的工作内容，听他们诉说工作的不易。由于学校职能的特殊性，对学生难以采取强制措施督促和实行主体经济罚款。这里，需要学生更多的自我约束，就像视频里说的"一份小小的举动，就是对他人更多的善意"。垃圾处理与环境保护密切相关，在现代环保理念中，垃圾分类就是新生活方式之一，人人有责。

（2）从开心农场到蚂蚁森林。

蚂蚁森林模仿开心农场，用与网络同步的方式来证明公益可以不只是捐款，而是可以与时俱进，呈现出更多的方式，让公益更具趣味性、更加多元化。2016年8月，阿里巴巴集团的支付宝公益板块正式推出"蚂蚁森林"项目，用户可用步行替代开车、在线缴纳水电煤气、网络购票等行为节省碳排放量，将被计算为虚拟的"绿色能量"，在手机里养大一棵虚拟树，虚拟树长成后，支付宝蚂蚁森林和公益合作伙伴就会在地球上种下一棵真树或守护相应面积的保护地，以培养和激励用户的低碳环保行为。

在我们的日常生活中，像玩游戏一样就能做一些有利于环境的事情，这也是一种新的生活方式和公益方式。

目前在"蚂蚁森林"微博中上百条的视频信息里，大致有三大内容：第一类是微宣传竖屏短视频，第二类是项目信息宣传视频，第三类是成果总结类视频。微宣传竖屏短视频通常搞笑幽默，发挥了短小精准的特质，在有限的时间内极尽俏皮等手段，做好日常的微宣传工作；第二类项目信息宣传通常是在重大活动或在某些节点，进行较大篇幅的纪实或报道或转载相关话题的视频；第三类成果总结类视频，会制作对比图，让公众真正了解该项目实施的前后差异与实际进展状况。2019年4月22日是世界地球日，也是蚂蚁森林春种的日子。在该视频里，总结了项目实施三年来，已有5亿人通过支付宝种下实体树1亿棵。该视频中概括了国家林业和草原局副局长，合作单位负责人，沙漠种植专家，大学校长、学生、留学生等对该项目的评价。其中，阿拉善SEE荒漠化防治项目高级传播官员朱德军说：这一项目带动农牧民加入一个生态改变的过程中，我们不仅在种树，其实也在帮农牧民增收，有效地促进了生态和经济的可持续发展，让大家能够循环地投入这样的事业里。这一评价切中要点，改善生态必须实现可持续的商业循环盈利模式，纯粹线性输送是较为初级的、脆弱的模式，蚂蚁森林与支付宝的结合，在实现减少碳排放、积累个人碳账户的现代理念下，建立了扎实的群众基础与互惠模式，是"互联网＋环保"经济模式的一次有效、有益、深层次的探索。该项目获得了2019年联合国"地球卫士奖"。

平台利用网络优势，随时推广这一新环保理念，2019年4月10日的微博视频里，做了一期对阿云嘎的专访，他在节目中谈到"'内蒙古风沙大'，可爱的'云朵'粉丝开始自发上蚂蚁森林种树，誓要通过自己的努力为偶像的家乡减少风沙，助其'颜值回春'"。阿云嘎认为粉丝们做了一件"非常有意义的事情"，并谈到他父亲曾经自发种植几千棵树苗，为这样"有责任感的爸爸感到自豪"，粉丝们特别制作了种树指南《7天种出一棵梭梭树》。阿云嘎讲到"蚂蚁森林的平台特别真实"，发挥自己明星的能量，发动更多人参与该项目，就是为"人人环保"这个大工程做的一点小贡献。

第四章 公益新媒体视频的分类和案例分析

除了人与自然的关联，这个平台由于其社交基因的赋能，还成为人与人的共同联结，该微博2019年4月3日转载了《新京报我们视频》一条题为《为亡友蚂蚁森林浇水两年 却因非本人无法种下真树》的视频。视频讲述了两年前，辽宁女生闵佳欣的闺蜜萃萃意外去世，她和男友决定一起把好友留在支付宝里的树苗养大。每天浇水成为缅怀好友的固定仪式，种下的真树就是她生命的延续。现在能量早已攒够，但因为无法进入闺蜜支付宝页面操作，这棵树迟迟无法被种下。"蚂蚁森林"由最开始的"好友之间的互动游戏"演变成了缅怀亡友的空间，在得知这一消息后，当日支付宝微博平台回应："树能成为我们生命的延续，被坚持浇水两年给感动到了，闵佳欣，我们邀请你一起去蚂蚁森林这月底的春种，一定亲手把树种下，它会替萃萃好好在世上活着。"蚂蚁森林的种树行为强调的是公益，尽自己的力量把世界变好。

另外，对于沙漠上如何种树的疑问，搜狐视频自媒体节目《地球的奇迹》给出了答案。在2019年9月25日《实地拍摄"蚂蚁森林"将沙漠变绿洲147万亩全靠一棵一棵地种》的视频中，主持人雨中实地观测了腾格里沙漠的项目林。据主持人的实际观察，即使是有大雨的情况下沙漠表层下不到10厘米的纵深处，仍然是大片干燥的细砂粒，治理难度非常大。为此，他专门介绍了眼前一望无际的用稻草和麦草扎成的草方格沙阵，在此基础上种植深根系植物，吸收沙漠深处水分缓慢生长，以期达到固定沙漠的目的。

尽管"蚂蚁森林"只是我国治沙防沙工程中的冰山一角，但是从群众环保教育的角度讲，因为每一棵树都是公众参与的结果，其微博中的所有视频对于普及环保理念，效果还是非常明显。公众参与绿色发展，首先要培养绿色理念，在日常生活中自觉、主动节能减排。在互联网和科技发展的驱动下，得益于移动支付、电子商务等金融创新和科技进步,减少产品服务交付过程中的能耗,产生了降低碳排放的产品,自然减排已因视觉影像有了场景感和现实感,成为生活的重要组成部分。

第五章 公益新媒体视频创作传播的特色与问题研究

第一节 公益新媒体视频创作传播的特色

总体来看,主流官方媒体负责坚守大政方针政策的底线,负责解释各项政策的具体含义,宣传政策指引的具体举措的事例,报道各种国家政治、经济、外交事件与领导人出访、来访、参加会议等信息。相对于商业网络媒体的市场开拓型,前者超越了市场范畴的生存与发展层面,是党和政府在网络空间的喉舌,即党和政府的宣传工具,必须合法合理地宣传党和政府的方针、政策、法规条令。因此,他们在公共事业舆论生态圈中,处于不容置疑的引领地位;而对于公共事业的传播来说,在动机一致的情况下,如何做得有效且精准,就要落实到一个"微"字上,探索何种形式与措施才具有更好的传播性,也即"效果论",是需要各级网络电视台与商业网站必须思考与大胆实验的。在商业市场上,驰骋纵横、开疆辟土是各级网络电视台与商业网站最基本的任务,在舆论传播中,在他们获取经济利润的同时,也给公共利益留出了巨大的空间与份额。因此,定位、属性不同的媒体在可视性传播方针上各具特色与方法;由于新生传播力量的增强,传媒生态圈也时刻发生着自我"微"改造,传媒队伍随着方法和途径上的相互借鉴和融合不断壮大和丰富。

一、时政类新闻视频

时政类新闻信息，一般反映国家政治生活中新近或正在发生的事实，主要是关于政党、社会集团、社会势力在处理国家生活和国际关系方面的方针、政策和活动的报道。按照新闻事实的受众感应特征划分，大致分为产生"延缓报酬"效应的硬新闻和产生"即时报酬"效应的软新闻两类。[①] 后者兴起于19世纪末至20世纪初的美国，一批在政治上、经济上独立的报纸中出现了简短通俗，政治色彩弱，人情味、趣味性浓的社会新闻，其中不少还带有故事情节，写作手法偏于煽情，这一变化初步呈现新闻娱乐化特质。我国自20世纪80年代开始逐渐倡导在新闻传播中"硬新闻""软着陆"，以硬新闻为主、软新闻为辅，"软硬兼施"，采取硬新闻软制作、软新闻高格调的方针。随着互联网在世界范围内的快速发展，"第四媒体"网络媒体的崛起、市场竞争的压力及注意力经济时代的到来，我国的媒体在操作方法、运营模式、编辑方针等方面都不同程度地出现了商业化趋势，向民众化、娱乐化方向靠拢。在信息化时代，媒体议程设置受公众个体的影响日益加深，公众个体的思想、利益和诉求都空前多元化，故新媒体表达方式也推陈出新，加快了政治表达的"去中心化"进程。

以《领导人是怎样炼成的》《被关进笼子的欲望》等为代表的时政动画视频，在长期以来我国的新闻报道严肃有余、活泼不足的背景下，不失为新闻报道之"创举"。特别是在网络覆盖愈发深入的情况下，硬新闻的传播需要解放思想、打破桎梏、与时俱进；需要引起他人共鸣，需要引人入胜、让人愉悦的形式和载

[①] 邱沛篁、吴信训、向纯武等：《新闻传播百科全书》，四川人民出版社，1998年，第134~135页。

第五章 公益新媒体视频创作传播的特色与问题研究

体,在激烈的舆论竞争中吸引注意力。政治传播日常化解读要从一个亲民的角度,以一种和公众平等的姿态进行对话,在对硬新闻软加工后,其趣味性与传播的话题度、持久度也大大增加。在政治人物、事件角色化视频中融入故事性与戏剧性,易于吸引年轻网民,在展示了软新闻轻松幽默、生动活泼的同时,也兼顾了硬新闻对时效性、数据准确量化的要求,它们的出现意味着宣传方针中的传播对象向年轻化转移。视频质量管理在创意、制作和媒体投放上都展示了良好的专业素养,其成熟的产业意识与创新能力也成为具有传播意义的标志性事件。

在打破了新闻信息的"软"与"硬"的规制后,公共新闻报道接连出现了"名嘴""段子手""网红主持人"等亲民的新闻主播的新角色,演绎了一种全新的播报方式变成现在轻松活泼的"说新闻""聊新闻""侃新闻"形势。这些视频作品或节目因新闻语态的变革,顺应了全媒体时代人们碎片化获取信息的方式,受到年轻观众的喜爱,频频登上微博热搜。以短视频节目《主播说联播》为例,可以总结出以下三点特征:

(1)化用适合网络语境的、俏皮、流行的词汇和语句,混杂英语表达,在适时背景音乐下,给人营造了一种电视上出现了"我朋友"的错觉,效果十分"惊艳"。迄今出现过的网络流行语有"怼""痛点""杠杠滴""打 Call""通关密码""一键三连""我和你,在一起""一个都不能少"等。主播李梓萌在鼓励大家积极打疫苗的时候,模仿深圳街头标语唱起了歌曲《学猫叫》"我们一起打疫苗,一起苗苗苗苗苗",背景音乐也随之响起,最后还倡导全民免疫,一起来做"苗星人",整条视频温馨且接地气。

在谈到中美第一阶段经贸协议在美签署的消息时,主播海霞联想到线上线下流行的拉歌活动,齐唱《我的祖国》,表示正因为有了强大的祖国的支撑,协议才得以签订。当《我的祖国》旋律响起时，作为中国人的自豪感油然而生。

（2）在不足2分钟的视频中，主持人要集中表达评论意见，语言需要平和凝练，情感需要张弛有度，致使语言节奏和音律相应调整，"段子化"就成为可信手拈来的工具。大多数评论在结尾部分，比较常用类似于单口相声的点题结尾表达方式。比如，前文中出现的"没有全民健康，就没有全面小康"等语句中，都在结尾部分采用了新闻词汇的修辞法，增强了新闻的感染力和说服力。

（3）为了配合媒体矩阵联动、融合传播的新格局，以代言人的身份让新闻发生有态度、有温度的人格化改变，主播以丰富夸张的表情和肢体语言，时而配合加大字幕，表达情绪并进行角色扮演等。切实做到"下沉式"报道的要求：感知现场"情绪"，心中才有"温度"；挖掘事物本质，见解才有"深度"；关注民生焦点，表达才有"热度"。主播的抑扬顿挫、激情昂扬，透过夹杂的情感波动的话语，演绎了居委会委员、面对顽劣学徒的老师、正义热血的网友、情感调解员……原本严肃刻板的时政新闻评论瞬间变得有温度。

综上所述，时政类视频大多涉及国家政策的颁布、实施及民生改革等重要问题。因此，这类视频在话题的选择上，尽管主题宏大，但侧重于挖掘时政活动中的细节，补位时政新闻报道。在创作手法上注重音画统一，用剪辑明快的平民视角影像搭配"拉家常"式的语态叙述，缩小距离感，这样的视频符合公益贴近民众的要求。在技术的使用上，多种"微表达"元素并用，糅合动画、图片、Flash、AR等多媒体手段，使时政视频表现形式更多元化。由于时事性的特点，时政类视频大多属于公益新闻或公益纪实类视频形态。

二、热点事件、话题类视频与传播路径

(一) 传播内容的话题度

热点事件包括当下社会中涉及政治、经济、民生、娱乐等事件,经过网络空间发酵,短期内比较受广大群众知晓、关注、议论的,并就此进行炒作、创作、借题发挥,引起市场大众跟风和广泛注意。从事件的发酵时间跨度来看,一类是非常态的,非预期突然发生;另一类通常是由源事件为中心造成的舆论扩散。前者如突发自然灾害、流行传染病等,后者如某项政策、方针出台及某热门话题引发的议论、创作等较长时间的追捧效应。就公益传播话题度而言,前者具有瞬时效应,后者则受长尾效应影响较深。

1. 突发非常态事件视频

对于突发性的灾难,热点事件类视频由于紧急性和临时性导致剪辑仓促,镜头稳定性较差,一般呈现出明显的时效性,实地采访、现身经历具有公益新闻、公益纪实性质。例如,前述反映雅安芦山大地震的《大爱如山》系列视频中的《伤痛的女人》为了表现女人的倔强和坚韧,着意捕捉面对废墟的女人的微表情与动作。例如,女人从瓦砾堆中挖出一把破损的大伞,象征着女人如大伞一样呵护家人的意志,有明显模仿 20 世纪 90 年代农村三部曲的 "女人命运三部曲" 系列剧情片的痕迹。

2. 高人气度视频

话题就是人气,以 2016 年李克强总理力倡 "工匠精神" 为肇始,随后出现的 "匠人风" 题材纪录片掀起一股视频节目的 "新浪潮"。蹿红于网络的电视纪录片《我在故宫修文物》和网络纪录片《了不起的匠人》,将镜头牢牢对准日复一日打磨手艺的

工匠，树立匠人们的主角的基调。相较于前者单纯讲述故宫文物修复师们的故事，后者为节目收视的考量邀请明星艺人林志玲加盟，以绝大篇幅呈现出亚洲范畴内的 20 位能工巧匠的高超技艺，注意力效应明显，两季总播放量达到了 2.2 亿。匠人题材作品无论形式异同，都始终秉承对工匠们的日常化记录，对任何领域的职业手艺，不做特殊化处理，或者有意将其神圣化和崇高化，尽可能凸显传承精湛手艺的枯燥、烦琐、单调和漫长，感人至深。网络将两部匠人纪录片的优秀口碑发酵，从而实现完美的二次传播，促使文青题材从小众范围走向了大众视野。当然，除了网络的助力，彼时宫斗剧的热播和流行也带火了跟故宫相关的纪录片。

再者，由于长尾效应和题材创新，新近上线的视频节目《瑜你台上见》更是直接与网播电视剧《鬓边不是海棠红》关联，纪实与虚构相互映照，互为 IP、互作触媒，开创价值共创模式的新探索机制。另外，黄泓翔凭纪录片电影《象牙游戏》入围第 89 届奥斯卡奖而闻名于野生动物保护界亦起源于此。

而且，由于短视频脱胎于"恶搞"视频，因此很多作品先天具有戏仿、煽情、逗趣等特质，并且因"恶搞"视频开启的混剪风格，精准的剪辑成为短视频的根本，甚至决定视频内容的优劣。例如，B 站名为"拿话筒的蜻蜓队长"UP 主混剪了漫威经典电影，模仿央视公益广告风格，制作了由《野味》篇、《蝙蝠侠：野味骑士》篇、《病毒》篇、《防疫宣传》组成的抗疫公益短片，宣传远离野味、宅家抗疫和戴口罩等防疫常识。视频以"恶搞"的方式寓教于乐、警醒众人。用央视公益广告的"瓶"，装上漫威电影的"酒"，却处处指向彼时的热点话题，节奏准确，亦庄亦谐，让人忍俊不禁。《防疫宣传》篇直接用方言配音对应现实版的乡村抗疫的标语式喊话，可谓效果明显，令人印象深刻。

（二）新兴传播路径的话题度

另外，在媒介即信息的传播时代，除了传播内容携带的热度，新兴传播手段的大规模复制利用，本身也是具有流行体质的热门话题。新媒体短视频由于其制作方向明确、对象清晰，在打造 App 的过程中，被用于传播公益的研究开发，发展势头迅猛。目前，短视频公益传播力量主要集中于两个路径：一是图片、文字、短视频相结合的公益话题接力挑战，二是公益在线直播。两种形态目前的发展都是方兴未艾，并受到广大网络公众的青睐。

1. 公益话题接力挑战

继"冰桶挑战"之后，2018年4月，快手行动携手腾讯公益发起线上"走路就是献爱心"短视频征集活动，号召用户通过日常健康生活方式和行为的捐助来参与公益。该项目倡导通过走路、跑步等方式参与公益，用户可参与线上线下共时性的公益乐趣体验游戏。一个月内快手 App 该活动共征集到2万多个相关视频，超过750万用户观看了活动视频。同年5月，腾讯微视携手腾讯公益慈善基金会发起号召关注罕见病的"柠檬挑战"公益活动；6月，短视频平台抖音和今日头条旗下的微头条、头条公益、头条健康，共同发起"橙子微笑挑战"接力公益行动，通过移动互联网平台放大公益声量。2019年4月抖音 App 发布《自然力量，一"植"向前》的短视频，宣传由中国绿化基金会和大自然家居在内蒙古阿拉善联合举办的"自然力量，一'植'向前"活动，并在抖音用户朋友圈发起挑战——到沙漠徒步种树。这类依托短视频平台，将网络公众作品上传到话题下形成内容共创，并经由社交媒体吸引公众参与的公益话题接力挑战，易于深入社会公众生活，成为时下应用广泛的一种短视频公益形式，都是因其主题有趣、参与方式简单、老少咸宜、游戏色彩浓厚等特色使然。

2. 公益在线直播

近年来，在全国脱贫攻坚奔小康的历史任务背景下，以返乡创业、脱贫攻坚、乡村振兴、田园旅游及农村社会问题为主要内容的"三农"公益短视频也流行开来。2020年初受新冠病毒肺炎疫情的影响，让本来就因渠道阻塞而滞销的偏远地区农副特产品更加难见天日。"三农"短视频的初尝试，以"短视频+直播"的方式为农产品营销新模式奠定了广泛良好的技术认知基础。在疫情期间，以"公益助农""公益助学"等为主要内容的公益直播也开展得如火如荼。

2018年，为进一步提升中国乡村创业者的领导力、商业管理能力及社会责任感，推动中国乡村振兴、人才培育，助力乡村发展，快手发起"快手幸福乡村带头人"计划。在2019年还成立了快手扶贫项目小组，包括福苗计划、快手大学等，以赋能乡村为己任，从电商、教育、生态等方向，探索"短视频、直播+"的新模式，大力推动乡村振兴。互联网赋能扶贫，落实践行"普惠"理念，让每个人找到自己的"幸福感"。2020年5月，浙江省携手阿里巴巴推出"村播计划"，以"直播+电商"的模式为乡村振兴按下加速键。"让农民变主播，手机变农具，直播变农活，数据变农资"的振兴理念，为"授人以渔"式的大公益做出了理论和实践的贡献。

在积极投入直播的过程中，涌现出许多富有地方特色的乡村"网红"带货人。比如，在2020年"寻访新时代脱贫攻坚青年网络主播"系列评选活动中，有六位快手幸福乡村带头人入选，以他们为代表的广大乡村主播都在实践中总结出适合一方风土的"土味营销学"，探索出一条可持续的短视频脱贫之路。从视频中可以看出，这些乡村网红对家乡和土地有着强烈的归属感和自豪感，短视频升阶之路接地气又有创新。这是平台深入地方、农村，牵手农民，获得双赢的最佳范例。

第五章　公益新媒体视频创作传播的特色与问题研究

另外，短视频直播还有许多县乡干部带头活跃，努力带货，带领乡民搞活地方经济文化活动的身影。湖南省益阳市安化县副县长陈灿平从2018年首次接触抖音开始，陆续发布600多条短视频，收获了十多万粉丝关注，为安化黑茶的推广打开了新途径。2020年后，茶农都面临茶叶滞销问题，陈灿平带头上阵开直播，很快成为抖音网红主播，累计销售额超过1000万。作为带头人，他积极组织本土新农人网红培训，在其带动督促下，安化县有万余人走上了直播带货之路，涌现出"侗族姐妹花""农村胖大海""渔民小韩""安化小陈故事""芙蓉山新农民"和"芙蓉村花"等一大批本土网红，初步形成新的直播电商矩阵，将安化黑茶文化推广到全国。2020年，陈灿平荣获"全国脱贫攻坚奖"的创新奖。

香港中文大学毕业的李承洋毅然放弃香港的高薪工作和永久居留权，回乡发展，成为四川省遂宁市报国寺村第一书记。自2016年以来，他走进田间地头，从"五谷不分"到熟练掌握各种务农技术，帮助当地村民开设网络直播，发挥自己的特长用普通话、四川方言、粤语、英文四种语言向网友介绍各种农特产品，利用自己的人脉和影响力扩大本地产品的宣传，被誉为"四语'村官'"。

凡此以"短视频、直播+"的乡村振兴思路，充分将"输血式"扶持转换为"造血式"振兴，为新时期的乡村振兴注入了新的动力，对农村经济发展、农业产业升级、农民增收致富的助推作用日渐显现，是具有中国特色大公益理念的升级和发展。短视频让乡村中的人、物、事、景高度契合统一，真实展现了生活片段。中国广袤乡村地区特别是偏远地区也因此获得了前所未有的注意力资源，使之能够真正地被外界看见，并建立积极连接，以此为契机，促进地方物产和资源的转化、变现，从而帮助产源地不富裕农户解决就业、增加收入。截至2020年底脱贫攻坚任务完成后，中国减贫对世界减贫的贡献率超过70%，我国将提前十年实现联合国 2030 年可持续发展议程的减贫目标，中国的扶贫经验也为全球减贫事业提供了重要参考。

三、主（专）题类视频

主（专）题类视频大多数是纪实类或部分纪实类作品，这类作品通常是以参赛或参展为原初目标，因此，具有内容集中、目的性强，创作遵从一定的范式的特征。

（一）原生态纪录片视频

前述少数民族非物质文化遗产文化纪录片视频《克智少年——吉则尔曲》采用原生态的拍摄手法，影片除了大段的现场克智论辩之外，还采用背景音乐或画内音乐的方式，表现了极富彝族特色的民族乐器。彝族少年们天真无邪嬉戏的场面与周边贫瘠的重重大山形成鲜明的对比。

该视频拍摄手法具有明显的早期影视文化人类学式纪录片特色，仅用少量的文字作为解说为观众留下了视觉悬念，叙事主线清晰、风格清新自然。拍摄技巧单一但不乏味，易将观看者代入，反映出中国西部大山地区少数民族真实的生活面貌，展现了我国多民族文化中民族的、民间的语言与艺术形式多样性。同时，其悲怆雄浑的基调也呈现出强烈的民族自我意识的苏醒，对古老文化传承既充满热切的期盼又略显隐隐不安。对于少数民族文化的传承与保护，通过非物质文化遗产影像记录工作的方式，寄望在全社会掀起关注和讨论的热潮，是可持续发展并值得借鉴的手段之一。

（二）中国乡村风视频

专注中国传统饮食生活传播的李子柒团队的视频，主题明确、制作精良，从镜头、构图、色调、服化道、背景音乐等都堪称专业。比肩《舌尖上的中国》的微距镜头和特写镜头，焦点始终处于画面构图的中心，层次丰富，客体配合主体完成镜头语言的表述，构图严谨、灯光设计精致、富有质感。以琵琶、竹笛、古琴等弹奏的轻音乐、古风歌曲为主，符合了视频的古风定位。视频的复合型特质勾画出了田园生活的组诗、组画，画面的充实感满足了所有人对田园生活的幻想，令人回味无穷。在娴熟手法与唯美画面的托底下，该系列视频将日常生活中的人类共情行为跨越语言、文字，一股原始普适的审美情趣跃然屏幕之上。视频中各种非语言符号，与主人公世外仙女的人设共同建立起了跨文化传播最基础的"文化波"，诸如人类认识自我的需要、对满足好奇心的需要，通过认识"他者"而扩大精神交往领域的需要，这些需要始终是跨文化传播的内在心理动因。[①]

（三）生物环保视频

与原生态、中国风的温情相比，环保专题类视频作品承袭了环保类纪录片的风格，更多手法侧重用骇人的数据和令人绝望的画面来划分叙事段落与节奏。前述的环保纪录片视频《大自然在说话》，运用了360度全景自拍技术，在拍摄上做了许多尝试。比如在拍摄《树冠之下》时，摄制组分赴亚马孙热带丛林中相隔2200公里的两个国度拍摄，画面中的大自然，景象绮丽，美轮美奂，饱和度较高，还邀请著名影星配音，用声音演绎角色，凸显画面与内容的反差。影视名流的知名度提高了宣传质量和力度，也给该系列的宣传制造声势，并制作不同语种版本用于广泛传播。影片在看似磅礴汹涌的外壳下，隐藏着大自然敏感脆弱的灵魂，大自然为人类历史的发展敲响了警钟。

《象牙游戏》在影片中提出了多个关于时间的疑问，同时用质

---

① 单波：《跨文化传播的基础与障碍》，《人文论丛》，2004年第0期，第105页。

问的方式带出话题，该片揭露了象牙黑市，如焚烧象牙、迁移的象群、打击偷盗猎的环保人士等，提醒人们关注野生动物保护，视频采用交叉蒙太奇手法，提高了视频内短时间的信息量，最后以受访者的回答点题结束访谈。在快节奏的背景音乐中将画面切换到钟表的内部机械的镜头，完成作为企业宣传片的闭环影像。时间数字凸显出的紧迫感，引发人们为一头头在枪声中倒下的野象、犀牛、长颈鹿等生物心生同情，为自己是与盗猎者在生物学上的同类而感到惭愧，尽管爱莫能助的无奈弥漫全片，但是影片强烈的感染力激发了观者的保护欲望。

第二节　公益新媒体视频创作传播的问题研究

一、时政类视频的创作传播问题

从以上分析可以得知，时政类新闻传播的软性变革，有播音风格、叙事话语和与观众的距离的变化，但其不变的是新闻内容的真实性和客观性，既提升了新闻传播力、影响力，新闻的引导力、公信力也不降反升。但是，我们也必须意识到，"亲民化"的新闻传播要时刻防范过度"娱乐化"，媒介融合所形成的自由平台由于缺乏完善的监管审核机制，还存在虚假政治信息、错误舆论引导等现象。另外，由于传播对象的变化及一些网络用户媒介缺乏素养，导致网络舆情频发且易失控，这些问题都影响着政治传播。总体来说，国家需要从宏观上进一步规范和把控新时期的政治传播，而传播者需要更新传播观念，媒体则需要完善平台建设和舆情监控，共同营造健康有序的政治传播生态。

在国家级媒体及政府网站成功与短视频碰撞出火花后，一些地方电视台也先后进行"时政新闻短视频"制作，然而却因表现题材的地域限制、制作水平低等，这类短视频的发展却差强人意。

这些地方台在制作上存在以下四大问题：

(1) 选材缺少新意，表现力缺乏"网感"。

地方台的时政新闻在选材上缺少新意，通常报道的内容都是领导活动或会议新闻，一些基层融媒体推出的栏目难以引起受众的观看兴趣。与传统媒体处理方式大同小异，表现形式单一，缺乏亲和力，没有把握小屏传播的精髓。

(2) 专业人力、物力等资源短缺，收视率低。

一些地方台的新媒体应用难以吸收新鲜血液，人才补充不足，少数工作人员缺乏积极性，对于新鲜事物的接受度低，在策划新闻内容的过程中通常难以摆脱惯性思维的桎梏，制作成本相对较高，视频质量也有待提高。

(3) 抓不住亮点、重复率高、缺乏吸引力。

一些地方台制作的短视频，亮点不多，表达方式严肃，难以抓住时政新闻中群众最关心的民生问题，在信息碎片化获取的当代社会，把握不了信息的严肃性与生动性的平衡是其硬伤。为了短视频而短视频往往可能出现针对一个新的热点涌入一系列媒体和个人用户的现象，而同样具有现实意义的要闻会因为缺乏吸引力的制作被埋藏在海量发布之中。

(4) 制作精度不够、缺乏深度和温度。

在制作短视频时，不少地方台仍停留在将节目整体上传网络平台或简单地切割分条，转移的只是播放平台。短视频的制作是为了使用户在较短的时间内深入了解事件要点，条目式的新闻播报缺少人文关怀的叙事节奏，无法引起受众共情意识，从而导致传播度下降。

二、热点事件、话题类视频的创作传播问题

后工业时代以消费主义、享乐主义为核心的"泛娱乐化"特点，与技术带来的注意力经济、流量经济合流，导致内容市场出

现大量浅薄空洞的内容，如通过戏剧化的滥情表演，夸大细枝末节，对涉事者进行煽情式的妖魔化或英雄化，过于依赖技术吸引眼球，甚至出现"标题党"等毫无价值可言的报道宣传。更有甚者，越过底线，消费不应该作为消费对象的英雄人物、严肃事件等。去中心化之后的自媒体们无法生产具有以正确价值观为导向的优质产品，自媒体公益视频普遍难以抗衡以流量计算的趋势。如此，本来就存在频道不够垂直、内容没有价值、更新不够频繁、运营缺少技巧等诸多问题的自媒体，与流量形成悖论，难以为继。

（一）同质化问题严重

在短视频强大"变现"功能的引诱下，哪怕烂俗也要追赶流量，俗称"蹭热度"。因此，"同质化"现象愈演愈烈。近年来，尽管短视频承载的有价值信息太少的状态有所改观，但是由于短视频需要密集更新，制作周期却不短，这就导致短视频制作更需要深入社会组织各个角落挖掘和制造热门话题。在此过程中，创作方承受的流量压力，会转入抄袭的怪圈。为了追求内容下沉引发迅速模仿与病毒式传播，众多短视频平台无不将重点集中在搞笑、趣味、低俗等高度同质化的内容层面。目前，跟大公益相关的短视频内容十分广泛，包括群众关心的正能量宣传、国内外大事件分析、泛知识类科普、家庭情感、心灵鸡汤等。但是，在追逐利益的环境下创作出来的公益文化产品，必然会趋于同质化。很多短视频不但内容雷同，甚至还有同样话题观点完全相左的公益科普，使受众不知所措。

除此之外，如前所述，还有传播路径的盲目跟风。比如短视频政务类信息传播，如果短视频发布单纯以蹭热点、以制造爆款的急切心态来做，极有可能出现由于发布信息的内容不同导致不适合以短视频的方式呈现，严重影响公信力和严肃性等问题。

（二）门槛低，监管不严

短视频还存在着不需要付费与身份信息注册等特点，导致短视频准入门槛非常低，加之发展迅速，管理部门跟不上技术发展的脚步。比如，之前风靡各大短视频平台的吃播视频，发生的一系列问题皆由此起。在青少年受众层的传播也是问题频发。短视频内容丰富多彩，但也存在泥沙俱下的问题，大量危险动作、整蛊恶搞、吸烟喝酒、色情暴力等低俗有害的不良内容，会引诱青少年模仿而自残或伤害他人，给自身或他人造成不良的身心影响。另外，短视频"短小精悍"的特征符合注意力法则，存在青少年沉沦网络的隐忧。不容忽视的是相对于显性的低俗内容，易沉迷特性、不良价值倾向等比较隐蔽，更难甄别和引导，错误扭曲的价值观、世界观容易误导正在青春期迷茫的青少年们。

三、主（专）题类视频的创作传播问题

主（专）题类视频特别是参展或参赛的作品，由于大多是职能部门或个人制作，在视觉表达过程中，缺乏专业制作团队的协调与指导，多采用线性叙事的方式，成熟度相对较低、节奏感把握不够。由于缺少网络推广的资源与力度，主（专）题类视频传播深度与广度稍逊一筹，没有明显的长尾效应。大多数作品止步于展会、止步于比赛，少数民族题材作品止步于原生态表达，未能充分挖掘影像表现和新媒体营销的潜力，这点从《克智少年——吉则尔曲》在全网没有完整片源可以窥见。当然，这种现象的出现说明这类视频传播很大程度受制于市场的接受度和资本的倾斜度。因此，主（专）题类视频作品需要在寻找话题度和综合资源整合等方面深入市场，广泛借鉴优秀作品运营模式，增强传播力。

政府专门机构出品的民生公益宣传类视频，"垃圾分类"和

"森林防火"等主题的民生公益宣传片的制作,需要精湛的拍摄技术和大量的群众参与摄制,规模较小的地方台或非专业机构很难同时具备这样的条件,只能通过比较容易实现的动画画面来完成。镜头的视觉冲击效果不强,宣传片与现实生活产生"距离",不足以使受众内心触动,导致宣传效果减弱。并且,大多宣传类视频都把重点放在源头的创作上,后期的推广宣传则显得非常"佛系",没能达到一个完整的闭环传播,在新媒体传播的生态大环境下,缺乏市场竞争意识。

结　语

　　本书从"现代公益是什么"开始，通过对中国新媒体公益传播事业的定义与分类，梳理了新媒体发展历程，总结了各种新媒体视频出现和兴起的时期及媒介融合形成的传媒生态新语境等。以新媒体为介质发展中国的公益传播作品、节目乃至晚会，形态从无到有、规模从小到大、内容从单一到全面，开展方式从各自为政到融媒体矩阵的成熟，为我们的大公益传播开辟出一条相辅相成的多样化路径。通过对新媒体视频案例的分析，探讨新媒体视频如何借鉴之前的传播媒介的经验与成果来规避相应的短板，以及充分发挥自我优势来加大公益传播的深度和力度；如何让大公益理念融入民众的日常生活，提升民众的社会生活参与度和参政议政的积极性，激发大众的创造力。在全网络覆盖的今天，新媒体影像的影响力触角敏感高效地捕获各种新的信息并传播到网络的每个角落，可以说，公益宣传的死角被一一扫除。当然，新媒体视频内容生产与营销尚有不尽完善之处，但值得我们期待。

参考文献

毕国顺，张弦，魏宇，2010. 从"中国公益"走向"公益中国"——改革开放三十二年公益慈善发展史大扫描［J］. 社会与公益（1）：12.

陈坤，2007. 公共卫生安全［M］. 杭州：浙江大学出版社.

戴扬，卡茨，2000. 媒介事件：历史的现场直播［M］. 麻争旗，译. 北京：北京广播学院出版社.

单波，2004. 跨文化传播的基础与障碍［J］. 人文论丛（0）：105.

贺云翱，2015. "公众考古"的兴起是现代文明的重要成就［J］. 大众考古（8）：1.

李朝霞，2013. 媒介仪式是媒介形象建构的重要方式——基于二者内涵的考量［J］. 佳木斯教育学院学报（7）：447.

李淮春，1996. 马克思主义哲学全书［M］. 北京：中国人民大学出版社.

李泽华，2018. "媒介仪式"理论的内涵、发展与争议——基于英文文献的分析［J］. 安阳师范学院学报（6）：110.

刘绩宏，2017. 微博公益传播涵化效果研究［M］. 北京：中国传媒大学出版社.

卢群，黎阳，孔彬，2006. 推开另一扇窗（上）——网上视音频新媒体发展纵横谈［J］. 广播与电视技术（6）：23.

卢小春，2014. 如何报道社会热点问题与突发事件［J］. 活力（7）：122.

孟庆梅，申丽，2014. 2014"两会"专题报道比较［J］. 网络传播（4）：38.

邱沛篁，吴信训，向纯武，等，1998. 新闻传播百科全书［M］. 成都：四川人民出版社.

邵静，2009. 媒介仪式：媒介事件的界定与仪式化表述——以我国的春节联欢晚会为范本［J］. 浙江传媒学院学报（4）：7.

斯特劳巴哈，拉罗斯，2002. 今日媒介：信息时代的传播媒介［M］. 熊澄宇，等译. 北京：清华大学出版社.

王齐国，2011. 文化资源的选择与利用［J］. 福建论坛（人文社会科学版）（2）：11.

王彦，2018. 汕头青年黄泓翔：名扬海内外的环保勇士在［J］. 潮商（4）：68.

吴欢超，2016. 新媒体浪潮下的公益组织传播策略研究［M］. 杭州：浙江大学出版社.

闫晶晶. 公益诉讼：走出一条中国特色公益司法保护道路［N/OL］. 检察日报. 2018-02-28［2021-07-20］. https://www.spp.gov.cn/spp/zhuanlan/201802/t20180228_368097.shtml.

杨涯人，邹效维，2008. 论人文关怀的文化内涵［J］. 学习与探索（2）：47.

珍妮特·登哈特，罗伯特·登哈特，2016. 新公共服务：服务，而不是掌舵［M］. 丁煌，译. 北京：中国人民大学出版社.

钟应春，彭小球，2015. 公益广告传播的基本内容及其作用［J］. 文学教育下半月（1）：74-75.

周如南，2019. 公益传播［M］. 西安：西安交通大学出版社.

邹诗鹏，2014. 民族国家构架下的国家精神［J］. 哲学研究（7）：30-36.